日本語教師として
抜きん出る

あなたは
初級日本語の「常識」が
打ち破れますか

海老原峰子
Ebihara Mineko

現代人文社

本書はテクニカルなノウハウ本ではありません。

ある人が言っていた。「禅の教えとは、単純に示すこと」
ある研究者が言っていた。「科学の研究とは、単純に表すこと」
本書の目的は、初級日本語を単純にすることです。

本書は、世に出回っている書籍や文献とは異なる視点を持ち、一般的に常識と思われている「理論」が、実は間違っており、日本語を複雑なものにしていることを証明します。そして、日本語本来の姿に立ち返り、日本語をシンプルで学びやすいものにしていく方法を提示します。

　私が1985年に初めて日本語を教えたときに驚いたのは、初級の教え方の非効率性、つまり時間がかかりすぎるということと、学習者の負担の大きさです。そしてその原因が、学習の初期段階に日本語独自の法則をほとんど教えていないからだということに気づきました。当時広く用いられていた方法は、実は現在でも綿々と受け継がれています。主流の教科書は、『日本語の基礎』（海外技術者研修協会編、海外技術者研修調査、1974年）、『日本語初歩』（国際交流基金著、凡人社、1985年）、『新日本語の基礎』（海外技術者研修協会編、スリーエーネットワーク、1990年）、『みんなの日本語』（スリーエーネットワーク編、同、1998年／2012年）などで、その他多くの教科書も構成は概ね同じです。

　習得に時間がかかりすぎるという致命的問題を解決するには、

初期学習の方法を完全に変えなければならないと考え、初級の教授法開発に着手しました。

　私の外国語学習経験から、英語、フランス語、ドイツ語の教育のように、その言語独自の法則をはじめから教えれば、日本語学習がはるかに容易になるはずです。その考えに基づき、実際に教材を作って授業を行なったところ、直ちに結果が得られました。日本語能力試験3級（現在のN4)に倍速で到達できたのです。そして、その教材に改良を重ねて1988年に教科書『ニュー・システムによる日本語（New System Japanese）』を出版しました。

　その教科書では、主に以下のような3つの全く新しい教え方を提唱しています。

　1）最も初期の段階で日本語の動詞の活用を教える。

　2）助詞「は」と格助詞について正確に指導することにより、

　　「は」と「が」に関する疑問が起こらないようにする。

　3）日本語の構文を「必要な言葉＋述語」と提示することにより、

　　多くの無駄な文型を排除する。

　この方法を広めるため、『日本語教師が知らない動詞活用の教え方』（現代人文社）を著し、従来型の教科書ではなぜ初級の習得にこんなに時間がかかるのかを明らかにし、英語教育並みにスピードとレベルを上げるには教え方を転換するほかないことを提言しました。

　『ニュー・システムによる日本語（New System Japanese）』と『日本語教師が知らない動詞活用の教え方』を世に出した結果、

多くの日本語教師や日本語教育関係者の方々が、これまでの問題点を認識し、私が提唱した方法に注目するようになりました。そして、次第に『ニュー・システムによる日本語』が使われ始め、それと同時に巷では、この方法と考え方をとり入れた Youtube 動画やブログ、教科書、教材などが見られるようになりました。中には、出典を記さずにそのまま、あるいはほんの少し変化を加えた形で掲載する方々もおられますが、できれば出典を明記していただければありがたいです。いずれにしても、こうした流れをさらに推進させる必要があります。

　従来型の教科書や教え方には、前著で明らかにしたことの他にも、日本語を歪曲させている多くの問題点があります。本書ではそれらを明らかにし、日本語本来の姿に基づいた全く新しい初級日本語教育を提案します。

　したがって、本書はすべての日本語教師、および教師養成講座受講中の方に読んでいただきたいと思います。そして、一人でも多くの教師の方が気付きを得て、抜きん出た存在になることを願っています。

　なお、本書の内容は、すでに Youtube 動画などで発信したものも含まれていますが、ここに改めて書籍の形で収録します。

　肩肘張らずに読みはじめることができるように、第1章は新米日本語教師（たまごさんたち）との対話形式で、素朴な疑問や日頃もやもやしていることに答えて、すっきりしていただきます。第2章、第3章ではそれらのトピックについて掘り下げていき

ます。

　本書を読み終えるころには、間違いなく日本語教育観が変わります。明日教壇に立った皆さんは、抜きん出ています。

　2020年8月

　　　　　　　　　　　　　　　　　　　　　　　海老原峰子

第2章 ｜ 日本語教師が教えていいこと、いけないこと
81

第3章 学習者を一変させる 初級日本語教育の新しい道

こんなにシンプルになる
初級日本語

ヨガの行動哲学である「断行・捨行・離行」が、今や「断捨離」として片付けや人間関係の分野にも広がっています。簡単に言うと、余計なものを削ぎ落とし、シンプルにすることだと思います。

　しかし、初級日本語教育に当てはめて考えてみると、単に今までのものをシンプルにすることでは解決できません。現存する構造そのものを捨て、完全に新しいものにしなければなりません。英語や他の言語教育、またスキル一般の習得のように、最初に基礎的なことを明確なルールで示してあげれば、初級日本語は驚くほど容易に学べるようになります（英語教育と日本語教育の大きな違いについては、前著『日本語教師が知らない動詞活用の教え方』をご参照下さい）。

　こうした考えに基づいて、教科書『ニュー・システムによる日本語』（1988年）を作りました。これは「まえがき」で述べた通り、次の3つを初級日本語における文法指導の3本柱としています。

　（1）最も初期の段階で日本語の動詞の活用を教える。

　（2）助詞「は」と格助詞について正確に指導することにより、「は」と「が」に関する疑問が起こらないようにする。

　（3）日本語の構文を「必要な言葉＋述語」と提示することにより、多くの無駄な文型を排除する。

もう少し説明しましょう。

　（1）については、前著『日本語教師が知らない動詞活用の教え方』で詳細に述べました。

　（2）については、助詞「は」の定義を「トピックを表す」とし、「○○は」のあとに「○○」について言いたいこと、聞きた

いことが続く、とシンプルに指導します。第2章で詳述しますが、教師養成講座で学ぶような不適切な「知識」を無視し、教師が本質的なことを理解することが何より大切です。

（3）については、第2章115ページのように格助詞の種類と使い方を一覧に示し、それさえ覚えれば使いたい言葉をつなげて文が作れることを教えます。

こうした指導により、従来のように、

(1) 新しい文型を導入するたびに動詞の活用を教える手間がなくなり、

(2)「は」と「が」の違いについて膨大な説明をする必要がなくなります。また、

(3)「……は……をＶ」、「……は……にＶ」、「……は……でＶ」、「……は……で……をＶ」など、数えきれないほど多くの文型を扱う必要もありません。

最初から単純明快な原理を示すと、初級日本語が信じられないほどシンプルになり、驚くほど短時間で習得できるようになります。

この3つのポイントが、旧来型の初級日本語ではどうなっているかを見てみましょう。

(1') 動詞の活用全体のシステムを教えず、最初に「ます形」だけを定着させ、基本的な活用形を一つひとつバラバラに1年もかけて導入する。

(2') 主語がトピックになって「は」を使う文ばかり教え、いきなり動詞「ある」と関連づけて主語のマーカー「が」を導入する。そのため、主語に「は」を使うか「が」を使うかという見当違いの問題が発生し、教師も学習者も混乱しはじめる。

(3') 多くの場合、動詞と一緒に2つ、またはそれ以上の補語の
ある文を教え、「……は……をV」、「……は……で……をV」
などの文型を覚えさせて、あたかも必須補語があったり、語
順が定まっていたりするかのように指導する。そのため、学
習者はその通りに作文しようと無駄な努力をする。

旧来型教科書では、学習者は1年以上もかけて(1')〜(3')の方
法で学び、その結果(1")〜(3")のようになります。

(1") あとの方で学んだ重要な動詞の活用形は定着せず、

(2")「は」と「が」の違いで一生悩み、

(3") 発話に手間取るだけでなく、学んだ通りの人工的「文型」
で不自然に話す。

これが、今日まで何十年も続いている初級日本語教育の実態で
す。

冒頭に「断捨離」云々と書きましたが、以上でお分かりのよう
に、初級文法でやらなければならないことは、余計なものを排除
するのではなく、完全に壊して新しく組み立てることです。

第1章

日本語教師が
知らなかった真実

　ここではまず、初級日本語を教える教師がどんな誤解を持っているのか、そしてそれらを解決すればいかに教えやすくなるかを、新米日本語教師(たまごさんたち)との対話形式で説明していきます。もちろん、新米教師の皆さんだけでなく、ベテランの教師の方々にも是非知っていただきたい内容です。

1

日本語教師が知らない、外国語習得を決定づける2つのカギ

海老原：たまごさんも英語を勉強しているようだけど、なぜ日本人が英語が話せないのか、知っていますか。

たまご：英語教育のせい？

海老原：まあ、それもあるでしょうね。

たまご：日本では使う機会がないし。

海老原：それは決定的ですね。いくら何年勉強しても、使わなければ自分のものになりませんよね。数学だって高校まで何年学んでも、実生活では加減乗除しかやらないから、方程式なんかは使えるようになっていませんよね。

たまご：そうそう。

海老原：じゃ、そういうことは仕方ないとしても、やはり日本人にとって、英語は難しいんですよ。

たまご：じゃ、つまり他の国の人にとってはそんなに難しくないっていうことですか。

海老原：なぜかっていうと……。あ、その前に外国語が話せるようになるには2つのことが重要なんだけど、それって何だか分かりますか。

たまご：ボキャブラリーかな。

海老原：ああ、それは問題外ね。単語は自分でいくらでも覚えられるから、ブロークンというか、単語を並べて話せば何とか通じる。でもそれは問題外とします。

たまご：ボキャブラリー以外に重要な2つのことか……？

海老原：答えを言いましょうか。

たまご：早く教えて下さいよ。

海老原：構文と語尾変化です。語尾変化のある言語の場合はね。

たまご：ああ、動詞の活用が重要だっていうこと、先生はいつもおっしゃっていますね。

海老原：そう。だから皆さんも良く分かってきているようです。

たまご：構文も大事なんですね。

海老原：構文と言うか、語順と言うか。だから、英語を引き合いに出したんです。

たまご：というと？

海老原：私の経験をお話しますね。

たまご：はい。

海老原：大学1年のとき、ネイティブの英語の先生の授業があったんです。簡単な質問をされて、ほとんどの学生がちゃんとした英語で答えられなかったんです。

たまご：簡単な質問って？

海老原：私への質問は「Which composer do you like ?」だったんだけど、私は「Mozart」って答えたわけですよ。

たまご：それで？

海老原：「I like Mozart」って直されたんです。つまり「Mozart」じゃ、英語になっていないわけですよ。そんなこと分かってましたけど、高校まで英会話を、しかもネイティブの先生に教わったことがなかったから、ほとんどの学生が私同様、とっさにできなかったんです。

たまご：なるほど。

海老原：日本語だったら、「どの作曲家が好きですか」って聞かれたら、「モーツァルトです」とか、親しい人なら「モーツァルト」、「モーツァルトだよ」っていうふうに、まず聞かれている名前、つまり「モーツァルト」が文頭にきますよね。

たまご：はい。

海老原：だから私はその感覚で答えてしまったんですよ。ところが英語はS-V、つまり主語・動詞の順序で文を作らなきゃいけないんです。

たまご：ああ、S-VとかS-V-Oとか習いましたね。

海老原：それなのに、私はOで始めちゃったんです。「What time is it now ？」って私が聞いたら、何て答えますか。

たまご：ええと、「One thirty」。

海老原：ほらね。当時の私と同じです。聞かれたことへの答えの言葉から始めますよね。でも英語じゃ、Sから始めなきゃいけないんです。

たまご：慣れないと難しいですよね。

海老原：脳に英語の回路ができていないっていうか、自動的にできるようになっていないとね。

たまご：だから日本人にとっては難しいんですね。

海老原：逆に言うと、語順が同じ言語なら難しくないんです。

たまご：例えば？

海老原：大雑把に言うと、中国人にとって英語は難しくないし、日本人にとって韓国語は難しくないんです。それと同じで、母語が日本語と同じ語順の人には、日本語は難しくないんです。だけど、母語がS-Vの語順の人が日本語に慣れるのは難しいんです。

たまご：今まで、そういうことをあまり意識して教えていませんでした。

海老原：そういう先生が多いんです。動詞が最後に来ることぐらいしか教えていないから、学習者は何でもかんでも「私は」から始めてしまうんです。意味は通じますけど、聞いていて不自然ですよね。

たまご：先生がよく言われる「必要な言葉＋述語」っていうやつですね。

海老原：そう。必要な言葉、つまり知らせたい情報の言葉から発する癖を付けてあげないといけないと思いますよ。

たまご：なるほど、重要ですね。

海老原：外国語を習得するのに重要な2つのことっていうのは、語順の癖付けと、動詞などの活用が自動的にできることなんです。もちろん、ボキャブラリーや発音は別次元の問題です。

たまご：じゃ、私も英語が上手くなるには、S-Vの語順で始められるようになればいいんだ。

海老原：そう。これから何でも「I」から始める癖を付けるといいですよ。

たまご：いいこと聞きました。

2

「〜は〜です」から
教えてはいけない

たまご：先生は「日本語の教科書は、日本語のシステムに則って
　　　　作らなければいけない」って言われてますけど、市販されてい
　　　　る教科書はそうなっていないんですか？

海老原：残念ながら、ほとんどの教科書はそうなっていないんで
　　　　す。

たまご：どうしてそう思われるんですか。

海老原：だって、ほとんどの教科書は「○○は××です」が一番
　　　　初めにあって、まるでこれが日本語の基本的な形なんだ、みた
　　　　いに教えているじゃないですか（25ページ「もっと知りたいコラ
　　　　ム①」参照）。

たまご：それがどうしておかしいんですか。どこのクラスでも最
　　　　初に「私は○○です」って自己紹介しますよね。

海老原：えっ、たまごさんもそんなふうに自己紹介しているの？

たまご：えっ、いけないんですか。

海老原：日本人同士ではそんな自己紹介しないでしょ。自己紹介は一例だけど、「○○は××です」から始めるのは、英語の教科書の真似なんです。

たまご：真似であってもなくても「○○は××です」は日本語の基本だから、別に間違っていないんじゃないですか。

海老原：「○○は××です」は日本語の基本じゃないですよ。

たまご：じゃ、何なんですか。

海老原：それは、英語の基本なんです。

たまご：ええ、英語でも基本ですよね。

海老原：英語で**も**じゃなくて、英語**の**基本なんです。

たまご：なんかよく分からないんですけど。

海老原：英語で、S－VとかS－V－Oとか習ったでしょ。英語は主語・動詞の順で文ができているわけよ。だから、「This is a pen」とかが基本的な例文として導入されているんです。それを日本語に訳すと「これはペンです」になりますよね。それで、日本語の教科書を作るときも、「○○は××です」を最初に基本的な文というか文型として教えてしまったんです。これが真似でなくて何ですか。

たまご：はあ。でも、たとえ真似だとしても、日本語でも「○○は××です」は基本的な文に思えるんですけど……。

海老原：じゃ、聞きますけど、さっきたまごさんは「先生、もうすぐ1時ですよ」って言いましたよね。

たまご：ええ、それが何か……。

海老原：なぜ「○○は」を言わなかったんですか？

たまご：えっ、だって別に言わなくても分かるじゃないですか。

海老原：言わなくても分かるときだけ、「○○は」って言わない

わけ？　つまり「○○は」が省略されたっていうこと？

たまご：ええ。

海老原：じゃ、何を省略したんですか？

たまご：えーと、「時間は」かな、「今は」かな？

海老原：窓から外を見たとき、「あっ、雨だ」って言うことない？

たまご：え、ええ。

海老原：それって、何を省略したの？

たまご：えーと。「天気は」かな、「外は」かなあ？

海老原：何かが省略されたんじゃないと思いますよ。

たまご：はあ。

海老原：つまり「雨だ」というのは完全な文になっていて、もし
　　つけ加えたければ「外は」とかを付けるっていうことなんじ
　　ゃないの？

たまご：そうとも考えられますね。

海老原：そうとも考えられる、じゃなくて、そうなんですよ。英
　　語だと「It's one o'clock」とか「It's raining」が完全な文で、
　　「Raining」だけじゃ文とは言えないんですよ。付け加えたいか
　　ら「It's」を付けているんじゃないんです。英語は、特殊な場
　　合以外はS-Vという順で文を作らなきゃいけないんです。

たまご：なるほど、日本語とは違いますね。英語はSやVは省略
　　できないけど、日本語はSは省略できるっていうことか。

海老原：まだ誤解しているようですね。「省略する」っていう考
　　え方は、元々あるんだけど言わなくてもいいっていうことよね。
　　でも、元々あるわけじゃないんですよ。だって、お母さんが「ご
　　はんですよ」って言ったりするのは、元々何があるわけ？

たまご：……。

海老原：文の基本は「××だ」で、必要な時だけその前に「○○は」とか他の言葉を付けているわけなんです。

たまご：そうか。だから、自己紹介のとき日本人は「××です」って言うんですね。

海老原：だんだん分かってきたみたいですね。私がたまごさんに自己紹介するとき、「私は海老原です」とか「名前は海老原です」なんて言ったらおかしいですよね。

たまご：本当におかしいですね。なぜ今までそんなおかしいことを教えていたんだろう。明日から自己紹介させるときは、ちゃんと「××です」って教えよう。

海老原：ここまでの話で、「××だ」が基本の形だっていうことが分かりましたよね。

たまご：はい。だから、市販の教科書が基本の形「××です」を教えないで、「○○は××です」を最初に教えているのは間違っているっていうことなんですね。

海老原：そうです。述語が「（名詞）＋だ」の形になっているのを名詞文っていいますけど、基本的な文は他に2つありますよね。

たまご：動詞文と形容詞文ですね。その3つは習ったんですけど、教えるときはいつも「○○は」を付けた形で教えていましたね。

海老原：うふっ。

たまご：何か？

海老原：だって、たまごさん、自分が話すときに「私は」って始めていないことに、なぜ気付かないのかなって。自分が話していないような話し方を教えるのは、どう考えてもおかしい。

たまご：いいですよ、いいですよ。笑ってやって下さい。

海老原：でもね、これって、たまごさんが悪いんじゃなくて、養

成講座や教科書のせいですね。

たまご：でも、それを鵜呑みにしていた自分がいけない。もっと自分がどんなふうに話しているか観察しなきゃ。

海老原：そうそう。そうやってできたのが『ニュー・システムによる日本語』なんですよ。

たまご：わあ。だから、第1課から「……んです」を教えているんですね。それはともかく、どうして市販の教科書は基本の形「××です」を教えないで、「○○は××です」を最初に教えているんでしょうね。「○○は××です」は文の基本じゃないのに。

海老原：それは、教科書の歴史と関係がある、というか、歴史的問題なんです。

初級教科書の最初に「～は～です」が導入されているのは、どの教科書も共通ですが、それが、30年以上前に作られた教科書から変わっていないことを示しておきます。

なお、たまに「～です」という文が紹介されている教科書もありますが、そこでも「～は～です」という基本文型のもとに、「主語が省略されている」という説明がされています。つまり基本は「～は～です」という考え方です。

『日本語初歩』(国際交流基金著、凡人社、1985年)から
　1課　わたしは　にほんじんです
　〔表現〕
　　事物の一致、不一致を表す言い方（人について）
　〔文型〕
　　(1)（わたし）は～です
　　(2)（わたし）は～ではありません
　　(3)（あなた）は～ですか
　　(4) ～はどなた／だれですか
　　(5)（～）は　どのひとですか
　　(6)（～さん）も～です

スリーエーネットワーク編『みんなの日本語』(スリーエーネットワーク、2012年)から
　第1課

文型

1. わたしは　マイク・ミラーです。
2. サントスさんは　学生じゃ　ありません。
3. ミラーさんは　会社員ですか。
4. サントスさんも　会社員です。

3

なぜ、話し言葉を
先に教えなければ
いけないのか

海老原：日本語で話をするとき、何でもかんでも「私は」からは
　　　じめると不自然だっていう話をしましたよね。

たまご：はい。

海老原：自然な日本語を話すには、もう1つカギがあるんですけ
　　　ど、それは話し言葉で話すっていうことなんです。

たまご：えっ、当たり前ですよね。

海老原：そう。だけど実際、話し言葉で会話を教えている人は少
　　　ないんです。

たまご：？

海老原：例えばね、最近の教科書では「どうして」から始まる疑
　　　問文は「……んです」という形になることを教え始めています
　　　けど、ちょっと前まで「どうして……ますか」みたいな教え方
　　　をしていたんですよ。

たまご：確かに。「……んです」は、あとの方にしか導入されて

いませんからね。

海老原：そう。だから「どうして、明日行きませんか」みたいな変な会話をやっていたんですよ。

たまご：ああ、そういえば、私もそう教えているかな。

海老原：「どうして」の疑問文だけじゃなくて、「……なければならない」なんかも会話では「ます形」は使われませんよね。「もう帰らなきゃならないんです」とか「今日中にやらなきゃならないです」とか。

たまご：うーん、言われてみれば……。

海老原：この辺はきちんと教えてあげるべきですよ。

たまご：でも、なぜ話し言葉をちゃんと教えていないんでしょう？

海老原：よく分かりませんね。昔の教科書は「会話」も「練習」も全部書き言葉で作られていますよ。ほら、これは国際交流基金の『日本語初歩』ですけど（31ページ「もっと知りたいコラム②」参照）、どの教科書も似たようなものだったんです。

たまご：ああ、本当ですね。

海老原：昔は、日本人と会話をすることなんてほとんどありませんでしたよね。飛行機で簡単に行き来できるわけじゃないし、国際電話も料金が高くてめったに使えませんでしたからね。やり取りはぜんぶ手紙でやっていたから、それでよかったんだと思います。

たまご：そうか。昔は日本人と直に話をする人は限られていたんですね。

海老原：だから書き言葉が重視されていたんでしょうね。でも時代が変わって、日本人と話す機会ができたり、アニメを見たり

するようになったのに、教科書は変わっていないんです。

たまご：こういう教科書で学んでいたから、みんな書き言葉で話をしちゃうんですね。

海老原：書き言葉で話をしても通じるから別にいいんですけど、問題は日本人の話す言葉が分からないっていうことなんです。

たまご：そりゃ困りますよね。じゃあ、最初から書き言葉と話し言葉を同時に教えるのがいいわけですね。

海老原：同時に教えるのが大変だったら、まず話し言葉を教えて、それから書き言葉を教えたほうが効率的なんです。

たまご：先に話し言葉を教えたほうがいいっていうのは、どうしてなんですか？

海老原：これは脳科学で言われていることなんだけど、人間は初めの方に習ったことほどよく覚えるし、脳に定着するんです。逆に、あとの方で習ったことはなかなか定着しないんですよ。

たまご：はあ、それで？

海老原：書き言葉は、それほど定着していなくても、あまり問題ないんです。

たまご：と言うと？

海老原：私たち日本人は、ある程度英語を読んだり書いたりできますよね。

たまご：はい、個人差はあるけど。

海老原：でも、英会話となると、脳に回路ができていないと話せませんよね。

たまご：まさに！

海老原：日本語もそれと同じで、日本語を習っていれば、ある程度読んだり書いたりはできるんです。読み書きはマイペースで

できますからね。脳に回路ができていなくてもできるんです。

たまご：あっ、そうか。読み書きはマイペースでできるけど、会話は瞬時に反応しないと話せないっていうことか。

海老原：そうなの。だから、脳に定着させてあげないといけないんです。

たまご：なるほどねー。

海老原：英語みたいに話し言葉も書き言葉もあまり違いがなければいいんですけど、日本語みたいに大きく違う場合は、まず話し言葉を教えて定着させてあげなきゃと思うんです。

たまご：で、あとから書き言葉を教えるんですね。

海老原：そう。だから『ニュー・システムによる日本語』では、第16課までは話し言葉の「会話」だけで、第17課で初めて書き言葉としての文章を導入しているんです。もしそうしないで、先に書き言葉が定着してしまうと、あとから話し言葉を学んでも定着しづらくて、どうしても書き言葉で話してしまうようになるんです。それだけならいいんですけど、さっきも言ったように、日本人の話す言葉が瞬時に聴き取れないんです。

たまご：つまり、アニメを見ても分からないっていうわけですね。

海老原：話し言葉と書き言葉の区別は、強調してもし過ぎることはなくて、『ニュー・システムによる日本語　続編』（第21課以降）では一貫してその違いを指導しています（36ページ「もっと知りたいコラム③」参照）。

『日本語初歩』（国際交流基金著、凡人社、1985年）から、第8課の会話部分を掲載します。書き言葉で会話が作られているのが分かります。文の形だけでなく、書き言葉の単語（下線部）も混ざっています。

8　日よう日には　なにを　しますか

　　きょうは　なによう日ですか。
　　きょうは　土よう日です。
　　あしたは　なによう日ですか。
　　あした　日よう日です。
　　きのうは　なによう日でしたか。
　　きのうは　金よう日でした。

　　　月よう日　火よう日　水よう日
　　　木よう日　金よう日　土よう日
　　　日よう日

　　あなたがたは　一しゅうかんに　なんかい
　日本ごの　べんきょうを　しますか。
　　わたしたちは　一しゅうかんに　三かい
　日本ごの　べんきょうを　します。
　　なによう日に　べんきょうを　しますか。
　　月よう日と　水よう日と　金よう日に
　べんきょうを　します。
　　日本ごの　べんきょうは　どうですか。

むずかしいですか。

　いいえ、　むずかしく　ないです。　<u>たいへん</u>
おもしろいです。

　あなたがたは　八日の　土よう日に　どこかへ
行きますか。

　はい、　行きます。

　どこへ　行きますか。

　こうえんへ　行きます。

　十五日の　土よう日にも　どこかへ　行きますか。

　十五日の　土よう日には　どこへも　行きません。

　ジョンさん、　あなたは　日よう日には　なにを
しますか。

　わたしは　日よう日には　うんどうや　さんぼを
します。

　どんな　うんどうを　しますか。

　バドミントンや　ピンポン<u>など</u>　をします。

　ラタナーさん、　あなたは　日よう日には　なにを
しますか。

　わたしは　日よう日には　へやの　そうじや
せんたくや　かいもの<u>など</u>を　します。

　日よう日にも　べんきょうを　しますか。

　日よう日には　あまり　べんきょうは　しません。

アリさん、　あなたは　日よう日には　どんな
ことを　しますか。
　　わたしは　日よう日には　<u>いろいろな</u>　ことを
します。　本も　よみます。　てがみも　かきます。
テレビも　見ます。　ラジオも　ききます。
ピアノも　ひきます。　うたも　たいます。
　　それでは、　日よう日は　いそがしいですね。
　　はい、　いそがしいです。　<u>しかし</u>　<u>たいへん</u>
たのしいです。

　　上記を話し言葉で書き替えると、下記のようになりま
す（下線を施した単語は、話し言葉）。

　　きょうは　なんよう日ですか。
土よう日です。
あしたは　なんよう日ですか。
日よう日です。
きのうは　なんよう日でしたか。
金よう日でした。

　　みなさんは　１しゅうかんに　なんかい
日本ごの　べんきょうを　するんですか。
　　三かい　します。
　　なんよう日に　べんきょうを　するんですか。
　　月よう日と　水よう日と　金よう日に　します。

日本ごの　べんきょうは　どうですか。
むずかしいですか。
　いいえ、　むずかしく　ないです。<u>すごく</u>
おもしろいです。

　みなさんは　八日の　土よう日に　どこかへ
行きますか。
　はい、　行きます。
　どこへ　行くんですか。
　こうえんへ　行きます。

　十五日の　土よう日にも　どこかへ　行きますか。
　どこへも　行きません。

　ジョンさんは　日よう日には　なにを　するんで
すか。
　うんどうや　さんぽを　します。
　どんな　うんどうを　するんですか。
　バドミントンや　ピンポン　をします。
　ラタナーさんは　日よう日には　なにを
しますか。
　へやの　そうじや　せんたくや　かいものを
します。
　日よう日にも　べんきょうを　しますか。
　日よう日には　あまり　しません。

アリさんは　日よう日には　どんな　ことを
するんですか。

　　（日よう日には）　いろんな　ことを　します。
本も　よみます。　てがみも　かきます。それから、
テレビも　見ます。　ラジオも　ききます。そして、
ピアノも　ひきます。　うたも　たいます。

　　それじゃ、　日よう日は　いそがしいですね。

　　はい／ええ、いそがしいです。　でも、
とても　たのしいです。

　下記は、『ニュー・システムによる日本語　続編』第26課の「文章と会話」です。各課の説明欄で、個々の表現について、書き言葉と話し言葉を対照し、解説してあります。

文章と会話

1.

　本田さんはツアーで一緒だった人達と半年に1回 食事会をしている。

　昨日の食事会にはいつもよりたくさん来ていて、楽しかった。アリスさんは忙しくて行かれなかった。仕事がたくさんあって、残業しなければならなかったからだ。みんなはアリスさんに会えなくて、残念がっていたようだ。アリスさんは、「今度は必ず行く」と言っている。

本田　：アリスさん、どうしてきのうの食事会に来なかったの？

アリス：忙しくてどうしても行かれなかったんです。たくさん来て（い）ましたか。

本田　：うん、みんなに会えてすごく楽しかったよ。

アリス：そうなんですか。仕事がたくさんあって、残業しなきゃならなかったんですよ。残念だったなあ。

本田　：みんなもアリスさんが来なくて、残念がって（い）たよ。

アリス：そうですか。今度は必ず行きます。

2.

　夜スミスさんが寮に帰ってきた。リーさんがまだリビ
ングで勉強していたので、スミスさんが話しかけた。リー
さんはレポートを明日までに書かなければならないのだ
と言った。今週、リーさんは引っ越しの手伝いやボラン
ティアなどがあって、レポートを書く時間がなかったの
だ。

スミス：リーさん、遅くまで勉強をして(い)るんですね。
リー　：ええ、これを明日までにやらなきゃならないん
　　　　です。
スミス：それは大変ですね。
リー　：日本の社会についてのレポートなんです。
スミス：たくさんあるんですか。
リー　：そんなにたくさんはないんですけど、今週はや
　　　　ることがいろいろあって、今までできなかったんです。

（解説部分から）

Written	Spoken
……なければならない	……なきゃならない

e.g. 明日までにやらなければならない。
　　 明日までにやらなきゃならない。

———————・———————・———————

　なお、話しことばにはどのような法則があるかという

観点で、本書の第1章とそれ以外を比べてみるのもお
もしろいと思います。

4

動詞の普通形をまとめて 先に教えるのは是か非か
ほとんどの人が知らない 基礎と応用の区別

海老原：たまごさんは、動詞はどんな教え方をしているんですか。

たまご：ああ、「ます形」だけを教えてはいけないっていう考え
　　　　は、私もなるほどって思っていますけど、学校指定の教科書が
　　　　あるから『ニュー・システムによる日本語』は使ってないんで
　　　　す。でも「ます形」だけじゃなくて、普通形を最初から教えて
　　　　います。

海老原：じゃあ、「辞書形」や「ない形」を最初から教えている
　　　　んですね。

たまご：過去形の「た形」や「なかった形」もやってますから、
　　　　「ニュー・システム」に近いやり方だと思います。

海老原：えっ、似て非なるものですよ。「普通形」の４つ、つま
　　　　り現在・過去とそれぞれの肯定・否定を初めに教えるのは、以
　　　　前からもあった方法ですよ。でも「ニュー・システム」とは全
　　　　く違うものです。

たまご：そうなんですか？

海老原：でも、「ます形」だけから始めるよりは実践的ですけどね。

たまご：普通形の4つを知っていると、いろんなことができますからね。だから「ニュー・システム」に近いと思っていたんです。

海老原：いや、「ニュー・システム」っていうのは基礎的なことを先に教えて、応用はあとからやるっていう考え方なんです。

たまご：でも、普通形の4つは基礎的ですよね。

海老原：その教科書では、仮定形や意志形はどのあたりでやるんですか。

たまご：結構あとの方です。

海老原：「ば形」は何かを応用してできますか？

たまご：いや、何かを応用して作るんじゃないです。グループ1なら「辞書形」の「う段」を「え段」にして、「ば」を付けるって教えています。

海老原：多分「よう形」も同じようなことをやるんでしょうね。そんな面倒なことをあとの方で覚えるのは大変だと思いますよ。

たまご：まあ、何とか覚えてますけどね。

海老原：でも、そういうのを覚えてJLPTのN4までいっても、会話で「ば形」や「よう形」が口から出てきてないでしょう？

たまご：そう。使ってはいないです。N2の人だって使ってないんですよ。

海老原：読み書きが目的ならそれでもいいですけど、会話力を養いたいなら、会話で使えるようにしてあげなきゃって思います。

たまご：だから、応用してできない基礎的なことは、最初に覚えさせるっていうことですね。

海老原：そうなんです。算数の九九でも7の倍数なんかは2や3の倍数を応用してもできないですよね。だから最初に全部暗記させてしまうんです。そうすると、二桁以上の掛け算は九九を応用してできるんです。

たまご：算数まで引っ張り出さなくても分かります。

海老原：あ、たまごさんは分かるけど、何が基礎で何が応用なのか知らない人が多いから。

たまご：でも、普通形の4つを教えるのは、いけないことではないですよね。

海老原：いけないとは言っていないけど、「ば形」や「よう形」があと回しになって、覚えられなかったり使えなかったりするのがかわいそうだと思うんです。

たまご：でも、「ば形」や「よう形」を初めに教えて、そのぶん過去形があと回しになったら、今度は過去形が使えなくなったりしますよね。

海老原：それは大丈夫です。過去形は現在形の応用ですからね。

たまご：というと？

海老原：だって、「た形」は「て形」が分かっていれば「て」を「た」に直すだけだし、「なかった形」は「ない形」が分かっていれば「ない」を「なかった」に変えるだけで、グループ1だろうがグループ2だろうが、例外はありませんから。それに、もし「た形」や「なかった形」を知らないとしても、頭の部分が現在形と同じだから、聞いたときに見当がつくんです。

たまご：あっ、そうか。

海老原：英語の教科書も同じスタイルで作られていますよね。

たまご：？

海老原：英語も、最初に現在形の否定形や疑問形をやって、語順や助動詞「do」の使い方とか疑問文の倒置を覚えて、3人称の「does」を習い、それから過去形をやりますよね。過去形は「do / does」を「did」に変えるだけだから簡単です。

たまご：ふむ。

海老原：もしそうしないで、あとから否定文や疑問文の語順をやったとしたら、これはなかなか大変だと思いますよ。疑問文で主語と動詞を倒置するなんて、何かを応用してできることじゃないですからね。公式みたいに先に覚えさせるのが正解です。

たまご：普通形の4つを先にやるのが「ニュー・システム」と似て非なるものだっていうことが理解できました。

海老原：「ニュー・システム」は従来の教え方を改良してできたものじゃなくて、全く別物だっていうことを分かって下さいね。

たまご：え、というと？

海老原：ときどき、「ニュー・システム」の「動詞付き50音表」を先に教えるんだけど、それぞれの活用形の使い方を導入しないで、普通形の4つを教えたりする方がいるんですよ。しかも「ます形」の現在・過去の4つも教えるのね。それもいいけど、「ニュー・システム」の教え方ではないっていうことを、分かってほしいですね。

たまご：あくまでも「動詞付き50音表」で活用を教えて、その活用形の使い方も一括して教えるのが「ニュー・システム」の教え方なんですね。

海老原：そう、過去形とか寄り道をしないで。

たまご：なんかおもしろそうっていうか、勇気がいるけど、今度個人レッスンでやってみようかな。

5

今使っている教科書では、N4までが決定的に遅れる

海老原：今日は、どんな質問ですか？

たまご：この前、ある人と動詞の教え方について話をしていて、「ニュー・システム」のやり方を説明したんですね。最初から「あいうえお」順に「いかない・いきます・いく・いけば・いこう・いって」というように教える方法があって、効果があるみたいだって言ったんです。

海老原：そしたら？

たまご：国語の教え方だねって言われました。外国人にはそんなふうには教えないんだって言ってました。「ます形」から教えるのが一番いいんですって。

海老原：そんなふうに考える人がいるんですよ。そういう人は、母語の教育と外国語教育のことが良く分かっていないと思いますよ。

たまご：……。

海老原：つまりね、母語の文法、この場合は国文法を日本人の子どもに教えるのは、既に習得している日本語にはどんなルールがあるのか、そして自分たちはどんな法則に従って話しているのかを理解させるためなんです。話せるようにするために教えるんじゃないんです。

たまご：自然にできていることの原理を学ぶんですね。

海老原：外国人に日本語を教えるときには、その逆をやるんです。法則を理解して、話せるように指導するんです。特にまわりに日本人が全くいないところで学ぶ場合は、真似をすることができませんからね。英語教育や他の外国語教育も同じでしょう？

たまご：というと？

海老原：「好きだよ」って言いたいとき、英語ではS-V-Oの順で言わなきゃいけない。つまり「Love」だけじゃだめで、「I love you」って言わなきゃいけないっていうのは、指導されないと分からないですよね。

たまご：そりゃ、そうですけど。

海老原：要するに母語教育はさっきも言ったように、自然にできていることの原理を理解させること。それに対して、外国語教育はその言語の原理を理解させてできるようにさせることなんです。だから日本語教育でも、母語話者が自然に使っている法則を教えてあげなきゃいけないと思いますよ。

たまご：だから、国文法を教えてあげなきゃいけないんですね。

海老原：そう。国文法って言っても、小学校でやっているような国語の文法じゃなくて、日本語本来の文法ですよ。その国文法を分かりやすく整理してね。そうことをしないで「日本語教育の文法」という別物を作って教えるのはおかしいんです。

たまご：でも、おかしくても簡単になればいいと思うんですけど。

海老原：ところが、逆に難しくなってしまうんです。

たまご：最初に「ます形」だけを教えるのは簡単ですけど。

海老原：あとから他のいくつかの活用形を学ぶのが、どんなに大変で時間がかかることか。これは決定的なデメリットです。

たまご：決定的なデメリットか……。

海老原：人工的に作った今の「日本語教育」は大問題です。そのために、日本語習得にどんなに時間がかかってしまうか。このことについては、前著『日本語教師が知らない動詞活用の教え方』に詳しく書いてありますから、一度読んでみて下さい。

たまご：は、はい。でも、どうしてそんな「日本語教育の文法」なんていうものができたんでしょうね。

海老原：ああ、それは教科書の歴史を紐解けば分かるんですよ。

たまご：はあ。

海老原：いつか詳しく説明しますけど、今ある日本語の教科書のルーツともいうべきものは、長沼直兄さんという有名な方が戦前に作った『標準日本語讀本』（1931 〜 1934 年）という教科書なんです。でもその初級の部分は、英語の教科書を応用して作られているんです。

たまご：どういうことですか。

海老原：英語の教科書は「This is a book」の be 動詞から始まって、一般動詞をやりますよね。

たまご：ええ。

海老原：で、その順序で日本語の教科書を作って、動詞は全部「ます形」でやってしまったんです。というのも、英語には日本語みたいな動詞活用がないから、日本語の教科書にもそれを入れ

なかったんじゃないでしょうかね。だから、そのあとにできた教科書にも入っていないんです。

たまご：ふんふん。

海老原：でも、そんなやり方には限界があるんですよ。

たまご：限界？

海老原：命令文や可能の表現になったとき、英語なら命令文では主語を削除するだけだし、可能表現は「can」という助動詞を加えるだけですよね。すでに語順や助動詞の使い方を学んでいるから、それを応用するだけで簡単に命令文や可能表現ができるんです。だけど、日本語は応用ではできなくて、「て形」とかの活用形を使わなきゃならないでしょ。

たまご：ええ。

海老原：それでそのときになって、新たな活用形として「て形」なんかを教えるわけよ。他の活用形も、それが必要になったときに一つずつ延々と教えるでしょ。

たまご：ああ、そういうことなんですね。

海老原：しかも、私が初めて手にした教科書なんかは、可能表現の課では「可能形」を教えないで、「辞書形＋ことができる」っていう日本人が日常会話ではめったに使わない形で教えるんですよ。英語の「can」のように可能表現を早い時期に教えたいけど、「可能形」は先延ばしにしたいから、とりあえず「……ことができる」を教えておこうっていう感じですね。

たまご：そう言えば、今使っている教科書もそうなっています。なるほど、英語教育を応用したのが「日本語教育」なんですね。国文法の動詞活用システム全体が抜け落ちている。

海老原：一世紀近くも、どうしてそんなやり方がまかり通ってい

るのか、本当に不思議ですよね。フランス語やドイツ語教育は、ちゃんとその言語の文法に基づいて体系づけられているのに。そんなふうに教えてあげたいと思いませんか。

たまご：私たちの時代というか、今は大学の第2外国語はたいてい韓国語とか中国語だから、ヨーロッパの言葉のことはよく分からないけど、やっぱり教える以上、日本語の基礎的なシステムを教えてあげるべきなんでしょうね。

海老原：英語教育で考えればよく分かりますよ。最初に「do / does」を習っているから、あとで「must」や「will」なんかが出てきても簡単に対応できるでしょ。日本語でも初めのうちに「ば形」や「よう形」を習っていれば、あとで「晴れればやります」とか「買おうとしたらお金が足りなかった」みたいな文型が出てきたとき、楽に学習できるんです。

たまご：そうですね。その都度動詞の活用を教えなくていいから教師も学習者も楽ですね。

海老原：そう、まさにそこなんです。日本語能力試験のN4までの時間が半減する理由も、まさにそれなんです。

6

日本語の教科書は英語
の教科書のマネだった

海老原：「○○は××です」を最初に教えるという間違いは、今
　にはじまったことじゃないっていう話をしましたよね。

たまご：はい。

海老原：今、主流の教科書といえば『みんなの日本語』だと思い
　ますけど、それより前は『新日本語の基礎』、さらにその前は『日
　本語の基礎』という教科書が広く使われていたんです。私がシ
　ンガポールにいた1980年代から90年代は、他に『日本語初歩』
　という教科書もよく使われていたんですけど、まあどれも構成
　はほとんど同じですね（53ページ「もっと知りたいコラム④」参照）。

たまご：じゃ、80年代からほとんど変わっていないっていうこ
　とですか？

海老原：そう。他にも教科書はありましたけど、どれも同じです。

たまご：どれも同じって……。

海老原：目次が文型で示されているか、場面で示されているかと

いう違いはありますけど、文法項目の並べ方は似たりよったりです。

たまご：じゃ、80年代より前は違ったんですか。

海老原：いえいえ。それどころか戦前から変わっていないんです。なぜかっていうと、今ある教科書はすべて戦後、正確に言えば、実はもっと前に作られた教科書を踏襲してしまっているからなんです。

たまご：え、どういうことですか？

海老原：私がシンガポールにいたころ、「赤本」と呼ばれていた古い教科書があったんですよ。

たまご：赤い本ですか。

海老原：長沼直兄さんという有名な方が作った『改定標準日本語讀本』（1948 年）という教科書なんですけど、赤い表紙になる前は青い表紙だったみたいです。でも、もともとそれは第二次世界大戦前にアメリカ大使館やアメリカ海軍のために作った『標準日本語讀本』という教科書なんです。

たまご：じゃ、戦前に作った教科書の改訂版が、80 年代にあったんですね。

海老原：そして、現在に至るまで市販されている初級用の教科書は、私が見た限り、すべて長沼氏の考え方に基づいているんです。

たまご：どういうこと？

海老原：『標準日本語讀本』っていう教科書は、全体的に見れば立派な教科書だと思うんですけど、入門部分がちょっとねえ。『標準日本語讀本』の第 1 課の最初は、なんと「これは本です」なんです。

たまご：「This is a book」ですね。

海老原：『日本語初歩』の最初は「わたしは　はやしです」。

たまご：『みんなの日本語』は「わたしは　マイク・ミラーです」。

海老原：全部「○○は××です」っていう形になっていますね。

たまご：それが何か。

海老原：実はね、長沼氏はイギリス人のハロルド・パーマーっていう英語教育者の影響を受けて、英語教育の教授法を日本語教育に応用してしまったんです。英語の教科書は大体「This is a book」とか「I am John」みたいなのから始まりますよね。

たまご：ふんふん。

海老原：だから、今の日本語教育は英語教育のマネだって言われるんです。もっともこれは国語教育も同じで、『象は鼻が長い』（くろしお出版、1960年）で有名な三上章さんは国語教育の「国文法」は第二英文法だって批判していますよね（『文法教育の革新』〔くろしお出版、1963年〕）（55ページ「もっと知りたいコラム⑤」参照）。

たまご：なるほどねー。

海老原：日本語本来の文法に基づいた日本語教科書が作られていないのは問題です。

たまご：でも従来の教科書でも、大体みんなそこそこできるようになりますよね。

海老原：別にそれでよければいいんですけど、変な文型が正しいものとされて、日本人が話す日本語は主語がなくて変だっていうのは、どう考えてもおかしいですよ。私たちは日本語の決まりに沿って話しているはずで、その証拠に、その決まりに沿っていないと、みんながおかしいって感じますよね。

たまご：じゃ、日本語本来の文法に基づいた日本語教科書ってどういうのですか。

海老原：文の基本をちゃんと教えることです。文には名詞文、形容詞文、動詞文がありますけど、名詞文なら「日本人です」みたいなものから教えるべきなんです。

たまご：うーん、分かるような気はするんですけど、なぜ「私は日本人です」じゃだめなのか、イマイチしっくりこないなぁ。

海老原：そういう文ばかり練習すると、「○○は」がない文に違和感を持ってしまいます。発話するときに、「○○は」で始める癖がついてしまうんです。

たまご：……。

海老原：日本に住んでいる外国人は日本人の話し方に慣れてきて、とても自然な日本語を話すようになりますけど、海外で日本語を話す人と接すると、その不自然さが目立ちますよ。

たまご：上手な人でも？

海老原：中国の大学教授なんかはすごく優秀で、語彙も豊富なんです。でも話すときは「私は」って始めるんです。

たまご：ふーん。

海老原：意味が伝わりますから、気にならなければ問題ないんですけど、自然な日本語を話したければ、そういった癖は直した方がいいですよね。

たまご：本人は、気付いていないんですか？

海老原：気付いているかもしれませんけど、日本人が英語を話すときに、つい日本語の構文に引っ張られてしまうのと同じように、彼らも母語、つまり中国語に干渉されてしまうんです。しかも、英語や中国語を土台にした形で日本語を教わってしまったから致命的です。

たまご：英語や中国語は主語から文が始まっていて、日本語は「○

○は」で始まる人工的な文ばかり学習していたからっていうことですね。

海老原：だから、自然な日本語を話したい、日本人のように話したいっていう人は、変な癖がついていたら、あとから直した方がいいですね。

たまご：一番いいのは、最初から変な癖をつけないことですね。あっ、その前に、そもそも教師自身が気付いていないかも。

海老原：それと、もっと言うと、「○○は」が主語になっている文ばかり教えるから、「『○○は』＝主語」なんだと誤解してしまうんです。そうすると、本来の主語マーカーの「が」がうまく使えなくなるんです。他の「を」とか「で」とか「から」なんかはうまく使えるのに。そのことはまた別の機会に話しましょう。

　現在主流の教科書スリーエーネットワーク編『みんなの日本語』（スリーエーネットワーク、2012 年）、その他の教科書の構成が、1980 年代に主流だった『日本語初歩』（国際交流基金著、凡人社、1985 年）と、ほとんど変わっていないことは、目次を見れば明らかです。動詞の活用に注目してください。

　絶版になっている『日本語初歩』のみ、下記に示しておきます。

『日本語初歩』（国際交流基金著、凡人社、1985 年）の「もくじ」

　　第14課までを示しましたが、第1課から第11課ま
では、「……は……です」と「……は……Ｖます」し
か学習しません。第12課でようやく動詞の「辞書形」、
第13課で「て形」が導入されています。『みんなの日
本語』に至っては、動詞の活用はさらに先送りされて、
第14課でようやく「て形」が導入されています。なお、
逆行現象とも言えるように、国際交流基金編著『まる
ごと　日本のことばと文化』（三修社、2013年）では、1冊
目（A1）の中に動詞の活用は抜け落ちています。

　三上章氏が『文法教育の革新』（くろしお出版、1963年）の中で、E・クライニアンズ著『日米両語の比較と英語教育』（伊東正訳注、大修館、1959年）について述べている個所があります。「一、なぜこのままではいけないのか」の「アメリカ版日本文法」の中です。

　　　訳者注からも一箇所引きます。両国語の比較から、英語学者の伊東さんがどういうことを感じられたかをよく示す部分です。

　　　　ここにはない「あなたが」、「わたしに」がどこに生じうるか、他の発話に当たってみると、両者の機能はほとんど「同じ」だといえる。つまり「主語」、「目的語」の位置には、はっきりしたけじめがない。とすれば、日本語では、いわゆる「主語」が他の動詞修飾要素と同列の資格きりもっていないらしい。換言すれば、動詞と結んで「文」という外心構成形をつくる必須要素ではなくて、動詞を主要部とする内心構成形の修飾部を受持つにすぎないらしいこと。以上、わずかな資料からも英語と異なる顕著な点が浮かんでくる（129頁）。

　三上氏や伊東氏だけでなく他に何人もの学者が、日本語では主語も目的語その他の動詞修飾要素もみな同列だ

と主張しているのに、なぜ学校文法が主語を特別扱いに
して、日本語は「主語・述語」などとしているのか甚だ
不思議です。『日米両語の比較と英語教育』には言語学
者B.ブロック氏についての言及があるそうですが、三
上氏も『文法教育の革新』でB.ブロック氏に触れて、
彼の述語一本建ての構文論が興味深いと述べています。
そして「『何がどうする』『何がどんなだ』『何がなんだ』
に始まる第二英文法との何という相違！」と批判してい
るのです。

　なお、B・ブロック氏は、本書の第3章142頁に記載
した『Spoken Japanese』という教科書の著者の一人で、
日本語というものを、英語を軸にしてではなく、全く異
なる言語として捉え、その特徴を説明しています。

　このように、外国の研究者が日本語の本質を見抜き、
日本の研究者が英語の文法に引きずられているという有
様は、この先どのぐらい続くのでしょうか。

7

「あのレストランは
おいしい」は誤り?!

たまご：ときどき、学生が日本語っておかしいとか言うんです。

海老原：へえ、どうして？

たまご：今日「あのレストランはおいしい」っていう文があって、「料理がおいしい」っていうのが正しいんじゃないかって言うんですよね。私、考えちゃって……。そう言えば「うなぎ文」なんか、おかしい文の典型ですよね。

海老原：えっ、「うなぎ文」っておかしくないし、特殊な文じゃないですよ。

たまご：特殊ですよ。だって「僕はウナギだ」の文で、「僕は」は「ウナギだ」の主語じゃないのに「○○は××だ」っていう形になっているじゃないですか。普通、こんなふうに話しませんよね。

海老原：しょっちゅう話しているじゃない。クラスで「今日は第3課です」とか、帰りに「私はバスです」とか言っているじゃ

ないですか。それなのに、そういう文は特殊だって考えるのは
おかしいですね。普通の文ですよ。

たまご：普通の文だとしたら、この「○○は」は一体何だろう。
　　　　述語に呼応している主語じゃないし。

海老原：だからいつも言っているように、日本語は主語・述語と
　　　　いうふうにできているとか、「○○は××だ」が基本的な文型
　　　　だって考えるのは間違っているんです。そのように考えると、
　　　　日本人は文法通りに話していないということになってしまいま
　　　　すからね。

たまご：ええ、そうでしたね。「××だ」が基本的な文型でした
　　　　ね。だから、「ウナギだ」が文として成立していて、そこに「僕
　　　　は」を付けている。

海老原：でも、本当は逆の順序で、「僕は」つまり「○○は」と切
　　　　り出してから「××だ」、この場合「ウナギだ」と続けている
　　　　って考えられますね。

たまご：というと？

海老原：助詞「は」はトピックを表す、っていうのは知っている
　　　　でしょう？

たまご：もちろん。

海老原：「うなぎ文」については、みんなに注文を聞いていると
　　　　き、「僕についていえば」って切り出しているわけです。

たまご：「○○は」っていうのがトピックだっていうのは分かる
　　　　んだけど、主語じゃないっていうことですよね。

海老原：そう。それを一緒くたにしちゃうと、「僕はウナギだ」の
　　　　文で、「僕は」は「ウナギだ」の主語になっていないからこの
　　　　日本語はおかしい、文法通りになっていないっていうことに

なっちゃうんです。そこでいう「文法」のほうがおかしいんですよ。日本人は、というか母語話者は、絶対に文法通りに話しているはずなんです。

たまご：でも「○○は」が「××だ」の主語になっている文もありますよね。

海老原：あ、たまたまね。

たまご：ええっ？　じゃ、いわゆる「正しい文」と言われている「私は日本人だ」みたいに「私は」が「日本人だ」の主語になっているような文は、たまたまっていうこと？

海老原：その通りよ。

たまご：なんか、過激。

海老原：でも、動詞文ならトピックが主語じゃない場合はたくさんありますよね。「お寿司は昨日食べた」とか「12月にはJLPTがある」とか。

たまご：でも、そういうケースは「○○は」っていうのが述語に呼応した目的語だったり、連用修飾語だったりしますよね。

海老原：たまたま主語だったりもする。

たまご：たまたまね。なんか、おもしろい。

海老原：で、そういうのは、「○○は」って切り出したとき、どんな述語を使うか分かっているのね。だから文法的におさまりがよくて、正しいって言いたいのね。ま、いいでしょう。

たまご：そうです。「○○は」が主語じゃなくても、述語に呼応しているんだから問題ないです。

海老原：動詞文だって「○○は」が述語に呼応していない、つまり格関係がない文がありますよね。「僕は」が「ウナギだ」に呼応していないみたいに。

たまご：え、例えば？

海老原：「こんにゃく文」は知っている？

たまご：ああ、はいはい。「こんにゃくは太らない」でしたっけ。あれもおかしな文ですよね。

海老原：ぜんぜんおかしくないですよ。

たまご：「こんにゃくが太らない」なんておかしいですよ。

海老原：「が」じゃない、「は」ですよ。話者は、こんにゃくについて話そうとして、「こんにゃくについて言えば」っていう感じで「こんにゃくは」って切り出しているだけで、そのあとどんな文を作るかは自由なんです。

たまご：ふむふむ。

海老原：「○○は」、この場合「こんにゃくは」が、そのあとの文の述語に格関係を持つかどうかなんて、どうでもいいんです。

たまご：どうでもいい……。

海老原：「いくら食べても人は太らない」って言おうとして、「いくら食べても人は」を省略しているだけです。言わなくても分かるからね。省略しなければ「こんにゃくは」は「食べる」の目的語で、「人は」は「太らない」の主語ですよね。

たまご：ふむふむ。

海老原：「ダイエットに適している」って言いたくて、「こんにゃくは適している」って言えば、「こんにゃくは」は「適している」の主語ですよね。

たまご：ふむふむ。

海老原：「○○は」のあとは、どんな文を作ってもいいんですよ。

たまご：そういう意味では「うなぎ文」も「こんにゃく文」もおかしくないんですね。

海老原：「うなぎ文」は、名詞文「うなぎだ」の前に「僕は」っていうトピックが付いているだけだし、「こんにゃく文」は、「太らない」っていう動詞文の前に、「こんにゃくは」っていうトピックが付いているだけの話です。

たまご：日本語ってシンプルですね。

海老原：よく言うように、名詞文、形容詞文、動詞文の３種類があって、それぞれトピックのある文とない文があるというだけです。

たまご：そして、トピックは述語に格関係があってもなくてもいい。

海老原：要するに、「○○は」のあとにどんな文をつなげてもいいんです。

たまご：何だか頭がすっきりしました。でも、なんで今まで「うなぎ文」を特殊だって思っていたんだろう。

海老原：それは最初の方で言った、日本語は主語・述語というふうにできているとか、「○○は××だ」が基本的な文型だって教えられているからなんですよ。これは日本語教科書の根本的誤謬なので、いつかその話をしましょう。

8

「〜は〜が」構文を
教えるのは無駄

たまご：先生は「〜は〜が」構文を教えなくていいって言われて
　　　　いますけど、どうしてですか。

海老原：別に、特別な文じゃないからですよ。

たまご：でも、特殊だみたいに言われてますよね。

海老原：じゃ、特殊かどうか考えてみましょうか。「〜は〜が」
　　　　構文で有名なものは？

たまご：そりゃあ、「象は鼻が長い」でしょう？

海老原：じゃあ、それを「〜は〜が」構文と呼ぶのなら、「象は
　　　　鼻を使う」は「〜は〜を」構文と呼んで、「象は鼻で持ち上げる」
　　　　は「〜は〜で」構文、「象は鼻から吸い上げる」は「〜は〜から」
　　　　構文とか呼ぶわけ？

たまご：ええっ？　そ、そんなの聞いたことないです。だって、
　　　　それらは述語が動詞でしょう？　動詞文なら、普通にある文で
　　　　すよね。しかも「象は」は動詞の主語で、何の問題もない。

海老原：要するに、「○○は」が主語のときは問題ないから考えなくていいんだけど、同じ動詞文でも「田中さんは娘さんが結婚した」とか「この学校は歴史がある」なんかは、「○○は」が動詞の主語じゃないから特別扱いしたくて、「〜は〜が」構文と呼ばれているわけですね。

たまご：そう。「娘さんが」とか「歴史が」が動詞に対し主語で、その前に「○○は」があるから、「〜は〜が」構文っていうんです。

海老原：だから「象は鼻が長い」みたいな形容詞文でも、「鼻が」が「長い」の主語で、その前に「象は」があるから、「〜は〜が」構文と呼んで、特別扱いにしたいんですね？

たまご：別に私がしたいんじゃないんですけど。他にも「私はおなかが痛い」とか「弟は絵が上手い」、「父は天ぷらが好きだ」なんかも。

海老原：そうですね。「○○が」が形容詞の対象語になっているのも混ざっていますね。今の文で「弟は」や「父は」は形容詞の主語だから、問題ないんじゃないの？

たまご：あ、じゃ「○○は」が形容詞の主語になっているのはOKとして、「山田さんは頭がいい」みたいに「○○は」が形容詞の主語ではないものを「〜は〜が」構文と呼ぶんです。

海老原：動詞文や形容詞文だけじゃなくて名詞文も含めるとして、ここまでのことを整理すると、述語に対して主語になっていない「○○は」が頭にあって、その後に主語「××が」が続くような文が「〜は〜が」構文であると、ここでは定義しましょうか。狭義の「〜は〜が」構文ですね。

たまご：はい、定義まではOKです。

海老原：なぜ、特別扱いにされているかは分かりますか？

たまご：それは「××が」が主語なので、その前に主語みたいな「○○は」が付いていて主語が2つあるみたいだから、特殊なんです。

海老原：その「主語みたいな」っていう言い方こそ、混乱の原因なんです。今、主語になっていないものって言ったでしょ。

たまご：助詞「は」や「が」は主語を示すって教わって、そう思い込んでいるんですけど……。

海老原：助詞「は」は、あくまでもトピックを示す助詞で、主語や他の連用修飾語に付けると、その言葉がトピックになるんです。「○○では」とか「○○には」とか「○○からは」みたいにね。でも「○○が」や「○○を」につけると、「が」や「を」が見えなくなっちゃうんです。「○○がは」なんて言わないで、「○○は」になるんです。だから本当は、助詞「は」は主語になっているときもあるっていう言い方が正しいんです。

たまご：主語のときも目的語のときもあるんですね。

海老原：それ以外の連用修飾語のときもあるんです。もともと格助詞がない副詞とかね。

たまご：例えば？

海老原：「よくは分からない」とか、「今日は食べる」とか。

たまご：なるほど。「は」が付いている言葉が主語じゃないケースって、たくさんありますね。

海老原：主語や目的語じゃないどころか、述語に対して格関係も文法的関係もないケースって、たくさんありますよね。

たまご：ああ、「象は鼻が長い」とか、さっきの「田中さんは娘さんが結婚した」や「山田さんは頭がいい」とか。うーん、あるある。

海老原：だから「〜は〜が」構文は、頭に主語みたいなものが
　　　　あるっていう言い方は、おかしいんです。

たまご：トピックが付いているって言えばいいんですね。

海老原：そう。そして、述語を修飾していないトピックは、ごく
　　　　普通にあるんです。

たまご：「象は鼻が長い」とかですね。

海老原：要するに、とりあえず「○○について言えば」って感じ
　　　　で「○○は」って切り出すので。

たまご：確かに私たち、普通にそう話してますよね。

海老原：そう。「鼻が長い」とか「頭がいい」は普通の文。「象は
　　　　鼻が長い」や「山田さんは頭がいい」はトピックのある普通の
　　　　文、ということです。

たまご：だから「〜は〜が」の形をした文は普通の文なので、「〜
　　　　は〜が」構文などと呼んで特別扱いするべきじゃないってこと
　　　　なんですね。

海老原：「○○について言えば」っていう部分があるかないかの
　　　　違いだけです。要するに、私たちが普通に話しているものなら、
　　　　それは特殊であるわけがないんです。「〜は〜が」構文という
　　　　分類がナンセンスだということが分かったでしょう？

9

「日本語はＳ-Ｏ-Ｖ型」は間違い

海老原：この前、ある教師養成講座で日本語はＳ-Ｏ-Ｖ型言語
　　　だって言っていましたけど、養成講座でそんなこと教えている
　　　の？

たまご：ああ、習った覚えあります。

海老原：それって、おかしいと思いません？

たまご：え、おかしいですか？

海老原：英語でＳ-Ｖ-Ｏの構文を習いましたよね。

たまご：はい、英語の５文型の一つですね。

海老原：前にも話したように、英語には５つの文型があって、他
　　　動詞を使う文は、この語順で作らなければならないわけです。

たまご：ああ、「愛してる」って言いたいときは「Love」だけじゃ
　　　駄目で、「I love you」って言わなきゃならないみたいなルール
　　　ですね。

海老原：そうそう。日本語は「愛してる」っていう動詞だけで、

主語も目的語もないのにＳ−Ｏ−Ｖだっていうのは、変じゃない
　ですか。

たまご：でも、もし主語と目的語を言う場合は、その順序になる
　からいいんじゃないですか？

海老原：Ｏ−Ｓ−Ｖになることもありますよね。

たまご：えーと。

海老原：「それは私が買ったの」とかね。

たまご：ああ、目的語に「は」がついていて、トピックになって
　いるから、最初にきているんですね。

海老原：じゃ、「これを隣りの人がくれたんだけど……」みたい
　なのは？

たまご：トピックじゃなくてもＯ−Ｓ−Ｖですね。

海老原：だから、他動詞を使って、さらにたまたま主語や目的語
　を伴っている文でも、Ｓ−Ｏ−Ｖになったり、Ｏ−Ｓ−Ｖになった
　りするんです。

たまご：そうか。

海老原：さらに主語や目的語を言わない場合は、Ｓ−Ｖだったり、
　Ｏ−Ｖだったり、Ｖだけだったりしますよね。

たまご：おっしゃりたいことが見えてきました。

海老原：さすが！

たまご：日本語はＳ−Ｏ−Ｖ型だって教えると、学習者がそれ
　に当てはめて文を作ろうとして、不自然な文を作ってしまう
　っていうことでしょう。

海老原：そもそも言語をＳ−Ｖ−Ｏ型かＳ−Ｏ−Ｖ型かに分類するの
　は、他動詞を使ったときに主語と目的語を置かなければいけな
　いような言語を持つ人たちが作った分類なんじゃないかと思う

んですよ。

たまご：ふむふむ。

海老原：日本語は、他動詞だから目的語を言わなきゃいけないということはなくて、補語や連用修飾語は状況によって要求されるだけなんです。

たまご：そうですよね。

海老原：そういう意味では、「行く」という自動詞に目的地が要求されるのと同じレベルなんです。

たまご：ふむふむ。そうか、「○○を食べる」と「○○に行く」は同じレベルか。

海老原：だから、他動詞を軸にして、主語と目的語だけを基準にしたS-V-O型かS-O-V型かっていう分類は日本語には無意味なんです。こうした分類は、英語や他のヨーロッパの言語みたいに他動詞を使ったときに主語と目的語が必須要素であるような言語に対してしか意味がないんです。しかも「会う」みたいに、英語では他動詞だけど日本語では他動詞じゃないものもあるしね。とにかく、英文法やヨーロッパの言語を基準にした分類やルールを世界中の言語に当てはめようとする考え方には無理がありますね。

たまご：じゃ、日本語がS－O－V型だっていうのは、たまたま主語と目的語がついた他動詞の文があった場合だけ成り立つというわけですね。

海老原：だから、O－S－Vになるときもあるんだって言ったでしょ。そういう分類自体、日本語には意味がないんです。

たまご：じゃ、日本語は何型でもないんですね。なんかさみしいなあ。

海老原：日本語はM-P型ですよ。いつも言ってるでしょ。

たまご：（そんなにムキにならなくても……）M-Pっていうのは、えーと、要するに……。

海老原：私が言っているだけなんだけど、Mはmodifierで主語なんかも含めた連用修飾語全部、Pはpredicateで述語、つまり「必要な言葉＋述語」。

たまご：あ、そうでした、そうでした。

10

使わない敬語を
教えていませんか
浮いてしまう敬語、調和する敬語

たまご：敬語って、やっぱり難しいみたいだなあ。

海老原：普段使っていないような敬語より、使っている敬語を教
　　　えたほうがいいと思いますよ。

たまご：？

海老原：例えば尊敬語ね。たまごさん、今日私に「お……になり
　　　ます」って使いましたか。一応、私、たまごさんから見ると、
　　　年上で目上だと思うんだけど。

たまご：えーと。

海老原：じゃ、私以外に、今日でも昨日でも使いましたか。

たまご：うーん、そう言われると……。

海老原：思い出せないところを見ると、使っていないようですね。

たまご：そうですね。学校でも使わなかったし。

海老原：じゃ、一番最近「お……になります」を使ったのは、い
　　　つか覚えていますか。

たまご：？

海老原：逆に、相手から「お……になります」って使われたのはいつ？

たまご：記憶にございません。

海老原：じゃあ、誰か年上の人のことを話していて、その人について「お……になります」って言ったのは？

たまご：それも記憶にございません。

海老原：そうでしょう。じゃ、全然使った記憶もないような表現を、なぜ学習者に使うようにって指導しているんですか？

たまご：だって、世間でも使うべきだって言ってるし、教科書にも導入されているし……。

海老原：世間で言うのは敬語のことで、必ずしも「お……になる」のことじゃないと思いますよ。

たまご：でも「お……になる」は敬語でしょう？

海老原：敬語にはいろいろなレベルがあって、日本人は親しくない人と話すときには、ほとんど敬語を使っているんですよ。

たまご：じゃ、やっぱり日本人は敬語を使っているんだ。

海老原：そう、日本人は敬語をよく使っているけど、「お……になる」はほとんど使っていないってことなんです。

たまご：自分に照らし合わせて、よく分かりました。

海老原：よかったです。このことが分かっていない日本語教師が多いんです。

たまご：私も、自分が年上や目上の人と話すときは「お……になる」を使っているものとばかり思っていましたよ。あれ？　じゃ、どんな敬語を使っているのかな？

海老原：たまごさんは私と雑談しているとき、しょっちゅう「れ

る・られる」を使っていますよ。

たまご：そうですよね。

海老原：だから、実際には「お……になる」を使っていなくて、それでも教科書通り、学習者には使うように指導していたというわけですね。

たまご：そういうことになるんですけど、じゃあ、なぜ教科書がそうなっているんでしょうね。

海老原：それは、今の教科書のルーツになるような教科書を作った人たちは、実際によく使っていたからなんです。でも、今の教科書を作っている人たちの世代では、あまり使われなくなってきたのに、それに気付かないでそのまま踏襲されてしまっているんです。

たまご：なぜ気付かなかったんでしょうね？

海老原：実は、私も気付かなかったんですよ。私は1980年代からシンガポールにいて、いつも「お……になる」を使っていたんです。だけど、あるとき若い先生たちが私に「れる・られる」で話をすることに気付いたんです。要するに、知らないうちに「れる・られる」が尊敬語として一般的になっていたんです。

たまご：でも教科書には「れる・られる」も導入されていますよ。

海老原：だけどほとんどの場合、初級の最後の方で「お……になる」と一緒に導入されているんです。

たまご：それじゃ駄目なんですか？

海老原：私の主義は、使用頻度の高いものをはじめの方で教えることなんです。

たまご：それは分かりますけど、敬語って使用頻度が高いかなあ。

海老原：だって、毎日のように使っているじゃないですか。

たまご：えっ、友だちと話すときには使わないし。

海老原：先生のことを友だちと話すときに使いません？

たまご：あ、そうでした。

海老原：それから、親しくない人と話すときにも使いますよね。

たまご：はいはい。「れる・られる」を使っています。

海老原：そんなふうに毎日のように使われているから、日本に来たばかりの学習者は知らないと困るんです。だって、会う人のほとんどが親しくない人ですからね。

たまご：じゃ、ほとんど言ったり聞いたりすることのない「お……になる」はあとの方でもいいけど、「れる・られる」はもっと早く教えたほうがいいってことですね。

海老原：その通りです。

たまご：本当に敬語って変わってきているんですね。

海老原：そうなんです。よく最近の若い人は敬語を使わないとか、使えないとか言われているけど、それは正しくないですよ。昔と違う形でちゃんと使っているんです。

たまご：なるほど。

海老原：さっきも言いましたけど、ちょっと前までは「お……になる」はごく普通に使われていて、私も職場でも職場以外でも、日常的に使っていたんです。年齢を問わず、親しくない人には、いつも「お……になる」を使っていましたよ。

たまご：年下の人にもですか。

海老原：もちろんです。さっき言ったように、私の学校のスタッフや教師たちに対しても使っていましたよ。

たまご：ふーん。

海老原：敬語って変わっていくものなんです。私の親の世代は

「ございます」をごく普通に使っていましたよ。昔の映画なんかを見るとよく分かりますけどね。

たまご：そう言えば、「ございます」とか「ざあます」とか、よく聞かれますよね。

海老原：そうなんです。でも、私たちの世代はあまりと言うか、ほとんど使わなくなったんです。あ、でも、電話では使っていますね。

たまご：えっ？

海老原：携帯じゃあまり言わないけど、固定電話が鳴ったら受話器をとって、まず「海老原でございます」って言いますね。

たまご：よく会社の人がそう言っていますよね。

海老原：会社だけでなく個人宅の電話でね。

たまご：うちは電話がかかってきたときは、自分の方から名乗らないなあ。

海老原：そういう人が増えてきているかも。

たまご：そういうことなんですね。

海老原：だから、外国人に敬語を教えるとき、私たちが使わないような「お……になります」を使うように指導すると、彼らが使ったとき、馬鹿丁寧に聞こえてしまって、周りから浮いてしまうんです。

たまご：言われてみるとそうですね。私は教師の中で若いほうなんですけど、同年代の学習者から「バスでお帰りになるんですか」なんて言われると、ちょっと面はゆいな。

海老原：だから、私たちと同じようなレベルの敬語を使うように指導したほうが良いと思いませんか。

たまご：そうですね。周囲と調和するようにですね？

海老原：そうです。そして、初級の終わりごろになって急にじゃ
　　　なく、もっと早いうちから慣れさせてあげたほうがいいと思い
　　　ますよ。

たまご：早いうちって、どのあたりでですか？

海老原：『ニュー・システムによる日本語』の教科書では、動詞
　　　をいろいろ導入するとき、「いらっしゃる」、「おっしゃる」も
　　　一緒に教えて、自然に使えるように指導しています。

たまご：「れる・られる」は？

海老原：『ニュー・システムによる日本語』第20課が終わって
　　　『続編』の最初、第21課で「れる・られる」を導入しています。

たまご：普通、「れる・られる」は、「受身」のところで導入し
　　　ますよね。

海老原：「れる・られる」を先に覚えておくと「受身」が楽です
　　　ね。活用はもう知っているので、助詞や構文と言うか、「受身」
　　　の使い方に集中できますからね。

たまご：それもメリットですね。

海老原：それはともかく、実情に合った敬語を教えましょうとい
　　　う趣旨は理解していただけましたか？

たまご：はい。

エンジニアに教える極意
教科書選びのコツ

海老原：今、一時帰国中なんですね。今日はどんな質問ですか。

たまご：今度、週2回の個人レッスンをやることになったんですけど、どんな教科書を使おうか迷っているんです。

海老原：迷うって、どう迷っているの？

たまご：どうって言われても……。学校では決まった教科書があるけど、プライベートだから何か別のものを使ってみようかと思って。

海老原：どうして？

たまご：どうしてって？

海老原：何が問題なのか、よく分からないんだけど。

たまご：……。

海老原：学習目的の違いや、同じ教科書を使うことに問題意識とかがなければ、迷いも起こらないと思うけど。

たまご：いきなり厳しいなぁ。

海老原：じゃ、何が問題なのか。一緒に分析してみましょうか。

たまご：お願いします。

海老原：まず、どんな生徒さんなんですか。

たまご：2人なんですけど、両方ともゼロビギナーです。エンジニアで、会社が日本とも取引をしていて、将来は仕事に活かせればと思って、勉強したいそうなんです。

海老原：じゃ、仕事で使えるようにきちんと勉強したいのね。

たまご：今学校で使っている教科書は、1冊終わっても、とても仕事では役に立たないと思うんです。

海老原：と言うと？

たまご：文法があまり入ってないから、応用がきかないんです。

海老原：そういう教科書は普通、日本の地域での学習に使うと思うんだけど、外国で使っているんですか。

たまご：そうですけど。日本で地域学習に使うのと、外国で使うのとでは、何が違うんですか？

海老原：日本で学ぶ場合は、常に日本語の環境があるから、文法をみっちり学ばなくても帰納的に学習できて、結構うまくなりますよ。でも、外国では帰納的に学ぶことは無理ですよね。

たまご：ああ、そうですね。

海老原：それから、生徒さんはエンジニアって言いましたね。

たまご：はい。

海老原：じゃ、基本的に暗記が苦手だから、文法を教えると喜んで学んで、メキメキ上達しますよ。

たまご：うーん、ちょっと乱暴というか、決めつけみたいな気がしますけど。

海老原：これは、私の経験から言っていることなの。

たまご：経験ですか……。

海老原：エンジニアになりたい人っていうのは、理論立てて考えることが得意なんです。だまされたと思って、文法をたくさん教えてごらんなさい。喜ばれるから。

たまご：喜ばれますかね？

海老原：疑り深いんですね。もし嫌われたら責任とってあげます。

たまご：そこまで言われるんなら……。それで、仕事に使えるようになりますかね？

海老原：文法を知っていれば、仕事に必要な単語を覚えるだけで即使えます。

たまご：（その信念はどこからくるのかしら……。あっ、経験からって言ってたっけ）

海老原：とにかく教科書を選ぶときは、教師の好みじゃなくて、学習者の傾向によって選ばなきゃね。

たまご：でも、先生はいつも『ニュー・システムによる日本語』を薦めていらっしゃいますよね。

海老原：だって『ニュー・システムによる日本語』は万人向きですからね。

たまご：はあ。

海老原：算数で、初めのうちに加減乗除を覚えさせるのは万人向きですよね。それと同じ方法なんですよ。

たまご：分かったような、分かんないような……。

海老原：最初の方で基礎的なことをどんどん教えて、あとは応用に移っていくんです。英語の教科書と似ているでしょう。

たまご：英語の教科書もそうなっているんですか？

海老原：最初に be 動詞の変化や肯定文、否定文、疑問文とか、

「do」や「does」をしっかり学ぶでしょ。

たまご：ああ、そうか。今学校で使っている教科書では、1冊終わってもとても仕事で役に立たないっていうのは、基礎と応用がごっちゃになっていて、結局1年経っても、基礎がきちんと身に付いていないっていうことなんですね。

海老原：問題点がはっきりしたようですね。

たまご：はい。エンジニアなら文法をどんどん教える。文法は、初めに基礎的なことを教えてしまう。

海老原：そうそう。私もシンガポールにいたころ、うちの学校ではそのやり方で100社以上の会社のエンジニアをトレーニングしていましたよ。自慢じゃないけど、すごく効果があって、次々とリピートが来たものです。

たまご：もしエンジニアじゃなかったら、どうなんですかね？

海老原：さっきも言ったように、学習者の学習スタイルによって変えなきゃね。エンジニアには良くても、ショップの店員さん向けのトレーニングには使えないんです。店員さんは概して暗記が得意で、ロールプレイなんかをするとどんどん上達しましたよ。

たまご：へえ、おもしろい。今まで、そういう観点で教科書選びや教え方を考えていませんでした。

海老原：本当におもしろいですよ。私は新規の企業コースが決まるたびに、テキスト作りをしていたんです。たまに『ニュー・システムによる日本語』がそのまま使えるコースもあったんですけど、ほとんどの場合、ビギナーなら『ニュー・システムによる日本語』に沿って、業界、業種、会社に特化したテキストを作っていたんです。

たまご：例えば？

海老原：同じホテル向けと言っても業界でもフロントスタッフさん向けと、ベルキャプテンやハウスキーパーさん向けは違うし、同じ電機業界でもＳ社とＰ社は違うんです。

たまご：テキストを作るのが趣味みたいですね。

海老原：趣味というかね、世の中には教えるのが好きな人と、教材を作るのが好きな人がいるみたいね。シンガポールの学校にも、教えるのが好きですごく上手な先生がいたんだけど、テキスト作りには関心がなかったみたいですね。要するに、行動も思考パターンも人それぞれなんです。だから、エンジニアの人たちとショップの店員さんとは違うっていうことなんです。

第2章

日本語教師が教えていいこと、
いけないこと

　第1章の対話を読まれてかなりすっきりしてきたと思います
が、興味のある方のためにさらに詳しく解説しましょう。

　この章では、助詞「は」や「『は』と『が』」に関する俗説、およ
び架空の文型をすべて壊し、次の結論に至ります。

　1）「は」を1分で説明する
　2）「は」と「が」の違いを教えてはいけない
　3）動詞文を自由自在に作る

　これにより、いかに日本語がすっきりするか、初級日本語が
いかにシンプルで教えやすくなるか、ぜひ体験してみて下さ
い。

1

まやかしの「文法」から
脱却する

　従来型初級教科書の第1課の最初に見られるように、文を「……
は」で始める、あるいは主語から始めるものだという指導のやり
方は、学校の国語教育にも見られます。外国人のための日本語教
育も、国語教育も、ともに明治以降に英語文法を真似して作られ
たものです。本居宣長の時代から伝わっていた日本語本来の姿を
体系化したものとは縁が切れています。

　しかし日本人の子どものための国語教育で「文は主語と述語
から成る」という間違ったルールを教えても実害はありません。
10歳ぐらいの子どもたちが、「文は主語と述語から成る」という
「ルール」を国語の授業で1回か2回教えられても、すでに母語
が身に付いているため、そのような「ルール」は無視して、今ま
で通りちゃんと自然な日本語で話をしたり、作文を書いたりして
います。また、「文は主語と述語から成る」という「ルール」か
ら派生した「『は』と『が』」の「問題」など、一般の日本人にとっ

ては問題になっていません。母語を身に付けていますから、どんなルールも照らし合わせる必要はありませんし、新たなルールが見つかったからといって、日常使っている言葉を変えたりはしません。

これは他の言語でも同じです。例えば、もしアメリカで間違った英語のルールを 10 歳ぐらいの子どもたちが教えられたとしても、それまでに身に付いている母語としての英語をそのまま話し続け、その間違った「ルール」は完全に無視されると思います。

このように実害はないのですが、だからといって間違ったことを教えていることを放置していいわけではありません。混乱して諸説を発表している研究者には、一度ご自分の話すことを録音して聞いてみることをお勧めします。自らの唱えるルールを守らずに話していることが分かると思います。

ご存知のように、母語というのは自然に身に付いたものであり、その言語をあとから分析して体系化したものがその言語の文法です。文法に則って母語を身に付けるのではありません。その言語を母語としていない外国人が、新たに習得しようとするときに文法が必要となるのです。

ですから、ある言語の文法が間違って教えられたら、それを学んだ外国人は間違った形で習得してしまいます。日本語学習者の話す不自然な日本語は、それを物語っています。母語話者である日本人の用いる日本語を体系化した本来の国文法でなく、英文法のレンズを通して人工的に作られた「文法」で日本語を教えるとどんなことになるか、日本語教育関係者はよく考えるべきだと思います。本来存在しないはずの『『は』と『が』』の「問題」など、学習者だけでなく教師も混乱しています。

第2節からは、間違った「諸説」を削除し、日本語本来のシンプルな決まりを浮かび上がらせていきます。

2

助詞「は」は超シンプル
「象は鼻が長い」の真相、うなぎ文、
こんにゃく文の幻想

助詞「は」の働きはただ一つ、「トピックを示す」である

　助詞「は」の働きはただ一つ、「トピックを示す」です。つまり「……について言えば」、英語なら「As for ……」という意味です。もちろん「……について言えば」や「As for ……」のような硬さはありません。要するに、「○○は」の後の部分が「○○」について言いたいこと、聞きたいことです。

　「は」の働きは一つですが、その使われ方は、発話の際に述語をすでに決めている場合と決めていない場合とがあります。これについて見てみます。

（1）話すときに述語を決めている場合
　助詞「は」に関して、『ニュー・システムによる日本語』の「ま

えがき」および『日本語教師が知らない動詞活用の教え方』第3章では、発話の際に話者がすでに述語を決めている場合について述べました。簡単に振り返ってみます。もう一度「夏休みに　教会で　友達が　日本語を　教える」という文を例にとり、説明しましょう。

　この文は4つの連用修飾語をもち、イメージとしては、

夏休みに 教会で 友達が 日本語を	＋　教える

のようになっています。

　4つの連用修飾語の各々がトピックになる場合を見ていきます。

　a)「夏休みに」がトピックに場る場合

　　「夏休みには　教会で　友達が　日本語を　教える」

　b)「教会で」がトピック

　　「教会では　夏休みに　友達が　日本語を　教える」

　c)「友達が」がトピック

　　「友達がは　夏休みに　教会で　日本語を　教える」（外見上「が」がドロップする）

　d)「日本語を」がトピック

　　「日本語をは　夏休みに　教会で　友達が　教える」（外見上「を」がドロップする）

　このようにトピックになった語は文頭に移動し、トピックマーカー「は」が付けられ、もともと格助詞が付いている場合は「に」

→「には」、「で」→「では」、「が」→「がは」、「を」→「をは」
のようになります。

　述語「教える」がすでに決まっていますから、トピックにした
場合にも、それに準じた格助詞を伴っているわけです。

(2) 話すときに述語を決めていない場合

　一方、発話する際に、どんな述語を使うか決まっていないとき
はどうなるでしょうか。

　例)

　　❶ A：田中さんはどうしてる。

　　　B：ああ、田中さんは春に息子さんが結婚したよ。

　この会話でBさんは、まず「田中さんについて言えば……」
という意味で「田中さんは」と切りだしているだけで、述語「結
婚した」と格関係はありません。格関係があるのは、「春に」と「息
子さんが」です。

　「○○は」は、「○○について言えば」という意味であり、「○○
は」の後が「○○」について言いたいこと聞きたいことですから、
述語と格関係などなくても良いのです。

　このように、上記 (1) と (2) の場合があるわけです。

　さらにいろいろな文を見てみましょう。カッコ内はあり得るシ
チュエーションです。

　　❷山田さんは長女が中学生です。(山田さんについて述べる)

　　❸今日は天気が良い。(今日について述べる)

　　❹私はおなかが痛い。(私について述べる)

　　❺象は鼻が長い。(象ついて述べる)

❻鼻は象（の）が長い。（いろんな動物を見て鼻に注目）

❼チーターは足が速い。（チーターについて述べる）

❽足はチーターが速い。（足の速さについて述べる）

❾鈴木さんは背が高い。（鈴木さんについて述べる）

❿背は鈴木さんが高い。（身長について述べる）

⓫僕はウナギだ。（注文を聞かれて）

⓬ウナギは僕だ。（うな重が運ばれてきて）

⓭こんにゃくは太らない。（こんにゃくの効果を説明）

⓮犬は哺乳類だ。（犬について述べる）

⓯哺乳類は犬だ。（いろいろな生物を見て哺乳類を探す）

⓰このレストランはおいしい。（このレストランについて述べる）

　もちろん、⓭、⓰などは、必要なら述語の前に「いくら食べても」や「肉料理が」などを入れますが、すでに何度も述べているように「日本語は、述語と必要なことばだけから成る」のですから、これらの文はその場の状況において全て完全な文です。

　補足しておきますが❸、❹、❼、❾の述語はそれぞれ「良い」、「痛い」、「速い」、「高い」であり、これらの文は、❸'、❹'、❼'、❾'のように言い換えられます。

❸'今日は晴れだ。

❹'私は腹痛だ。

❼'チーターは俊足だ。

❾'鈴木さんは長身だ。

　言い換えられた文の述語は、それぞれ「晴れだ」、「腹痛だ」、「俊足だ」、「長身だ」です。だからと言って、もとの文❸、❹、❼、❾の述語が、それぞれ「天気が良い」、「おなかが痛い」、「足が

速い」、「背が高い」というわけではありません。もとの文❸、❹、❼、❾と言い換え後の文❸'、❹'、❼'、❾'は、意味は同じですが、構文は異なります。ときどき見られる「文は主語（〜は）と述語から成る」、「主語を説明する文節を述語という」という考え方は正しくありません。

助詞「は」を１分で説明する

　ここまででお分かりのように、助詞「は」が用いられる言葉（トピック）は、その文の述語に対して格関係があってもなくても良いのです。

　ですから助詞「は」は、一言で言うとトピックを表わし、便宜上、

　a) 述語と格関係がある場合（例：「……には」、「……では」、「……がは」、「……をは」など）

　b) 述語と格関係がない場合

の２つに分けられるのです。

　日本語学習者には、このようにシンプルに説明してほしいと思います。それが理解できていれば、ときおり見られる「このレストランはおいしい」という文がおかしいのではないかというような疑問や誤解はなくなるでしょう。

　なお初級の中でも初めのうちは、授業でトピックのある文を板書するとき、文を２段にして「○○は」を上段に書くと良いでしょう。下の段は「○○」について言いたいこと、聞きたいことになります。

（板書の例）

今日は

天気が良い

　そうすれば後になって１行に書いたときにも、トピックのイメージができているので簡単に理解できます。そして先の例❶「Xさんは春に息子さんが結婚したよ」のような文も、

> ┌ Xさんは
> └ 春に息子さんが結婚した

というようにイメージできるのです。

　また応用として、「○○は」が２つ以上あるような文や、節の中に「○○は」があるようなものも理解が容易になります。

「～は～が」構文は単なる妄想

　以上のことを理解していれば、「～は～が」構文などという分類も無意味となります。したがって、教える無駄が省けます。

　文献などで「～は～が」構文の説明を見ると、「XはYが～」において、YがXの一部分である、一側面である、親類である、所有物であるなどという羅列があります。そんなことを言い出したらきりがありません。先の例文では❶B、❷～❹、❺、❼、❾が当てはまるようです。さらに「Yが」が述語の対象語になっているようなものも「～は～が」構文に含めている場合があります。しかし、日本人はそのような決まりに基づいて話しているわけではなく、学習者がそのようなことを覚える必要はありません。どういうことなのか例を挙げれば、「おなかが痛い」という事象を表現したいときに、「私は」とか「今日は」を付けているに過ぎ

ないからです。

　要するに世間で「〜は〜が」構文と呼んでいるものは、「○○が」という補語のある文にトピック（主に述語に格関係がない）が付いただけのもので、それだけの話です。それをわざわざ「〜は〜が」構文と命名したり、分類したりする必要はないのです。それは、下の❶〜❸のような文を「〜は〜を」構文や「〜は〜で」構文、「〜は〜から」構文などと分類していないことを考えても明らかです。何度も述べているように、物事をシンプルにまとめて示すことが科学的研究です。冗長なものは学習の邪魔になるだけです。

　　❶その本は10万部を超えました。
　　❷関東地方は千葉で増えました。
　　❸今年は5月から始まります。

「だ・です」とは

　少し横道にそれますが、うなぎ文（僕はウナギだ）が登場したので、「だ・です」に関して補足しておきます。

　「だ・です」については、先の例文「僕はウナギだ」、「ウナギは僕だ」のような使い方をよくします。例えば、

　　❶「明日は仕事だ」
　　❷「帰りはタクシーだ」
のように使ったり、質問に答えるとき、

　　❸「何時に来るんですか」「1時です」
　　❹「どこに集まるんですか」「駅です」
　　❺「何が好きですか」「すき焼きです」
　　❻「いつがいいですか」「日曜日です」

のように使ったりします。

　このような「だ・です」は、動詞や形容詞の代わりに用いているとも言えますが、それぞれの状況では語句（名詞）だけを言えば意味は分かるので、文の形にするだけの目的で「だ・です」を使っているのです。❶や❷のように、「（名詞）だ」の前にその主格になっていないようなトピック「○○は」が付いたものが「うなぎ文」なのです。

　もともと、「○○は」は述語と格関係などなくても良いのですから、たまたま述語が「（名詞）だ」になっているものを「うなぎ文」と呼び、「こんにゃくは太らない」のように動詞になっているものを「こんにゃく文」と呼んでいるだけのことです。述語が形容詞になっているものには名前がないようです。そもそも名前など付けて特別扱いするほどのものではないのです。

「対比の『は』」「否定の『は』」「限度の『は』」は、文法の出る幕じゃない

　ここで、「は」の意味としてよくみられる誤解について少し補足しておきましょう。「は」は「トピック」である場合と、「他は知らないが」とか「他は違うが」のような対比の意味になる場合があるなどと説明されていますが、これは適切ではありません。トピックの役目を返上して、新たに対比という役目を請け負うというわけではないからです。トピックの肩書きを持ちつつ、あくまでも文脈によっては対比の意味を含むだけのことです。文脈によってしか決まらないものは、その言葉（「は」）が本来持つ意味ではありません。

　具体例を見てみましょう。

❶子犬をもらってほしいと思っているＡさんがＢさんにたずねます。

　　Ａ：犬はすきですか。

　　Ｂ：ええ、犬は好きです。

❷ペットの話しをしていて、ＣさんがＤさんにたずねます。

　　Ｃ：犬や猫は好きですか。

　　Ｄ：犬は好きです。（対比の意味を含む）

　上の文❶Ｂと❷Ｄは同じ文ですが、❷Ｄは対比の意味を含んでいます。しかし、４つの文すべてにおいて「は」は「……について言えば」という意味で、英語で言えば「As for ……」です。ほかの言語でも同様の意味を持つ表現はあると思いますが、いちいちそこで「他は知らないが」とか「他は違うが」という意味が含まれることがあるなどと説明されません。こうしたことは文脈がなければ決まらないことで「As for ……」自体が持つ意味ではないからです。

　なぜ、「は」には「他は知らないが」とか「他は違うが」のような意味になる場合があるなどと余計なことが言われるのかというと、「が」と比べてしまっているからです。「が」にそのような意味がないから、「『は』は『が』とこんなふうに違うんですよ」と言いたいのでしょう。何度も言うようですが、対比であるかどうかは文脈の中でしか決まりません。言ってみれば、文脈によって新たに付加された役目であり、本来的に持つ役目ではありません。格助詞「が」、「で」、「から」などに「総記」や「強調」の意味が本来的にあるのではないのと同様です。「は」が本来的に持つ役目（＝定義）は「トピックを示す」です。

　文脈の中で決まるということについて付け加えるなら、「否定

の『は』」や「限度の『は』」も同様です。

　まず「否定の『は』」についてですが、私はよく初級の始めの
授業で、質問に否定で答えるときに否定したい言葉に「は」を付
けることを教えていました。しかし、それは「は」の使い方に慣
れてもらうための方便としてであり、あくまでも「○○は」はト
ピックです。

❸「あした大学に行きますか」に対する答えとして、
　　（a）あしたは行きません。（「あした」を否定）
　　（b）大学には行きません。（「大学」を否定）
　　（c）私は行きません。（「私」を否定）
を見てみると、「否定の『は』」とは言うものの、（a）も（b）も（c）
も文末の「行きません」が言いたいことです。そういう意味では、
（a）の「あしたは」、（b）の「大学には」、（c）の「私は」はみなトピッ
クです。

　一方、同じ（a）〜（c）の各文は、状況によっては（a）「あさっ
ては行くが」、（b）「外出はするが」、（c）「田中さんは行くが」と
いうような対比の意味になることもあります。そしてそれは、当
事者にしか分からないことも多いのです。どう考えても文法で白
黒つけることではないと思います。

　このように、同じ文でもその中の「○○は」が否定を表わしたり、
対比を表わしたりするのは、文脈や状況によるものでしかないの
です。「○○は」は常にトピックであり、状況によって、たまた
ま否定や対比の意味を付加されているだけです。ここで少し補足
しておきますが、「否定」というのは文法上の「否定形」ではなく、
相手の意図する内容の「否定」という意味です。ですから、否定
の質問に対して肯定文で答えたとしても、質問内容の「否定」と

図（集合）

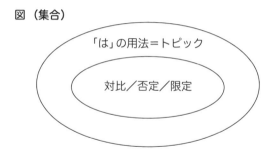

いうことになります。

　次に、「限度の『は』」についてです。

　❹タクシーでは 5,000 円はするでしょう。

この場合、「最低でも」という意味があると言えます。しかし、

　　❺「タクシーで 5,000 円ぐらいするでしょうか」に対して、

　　「5,000 円はするでしょう」

という答え方をした場合、「10,000 円はしないかもしれないが」

というような対比の含みがあるとも言えます。たまたま数字を扱

うから「限度」という表現になっているだけです。また、この質

問に、

　　「5,000 円はしないでしょう」

と答えた場合は「高くても」という限度の意味とも言えますし、

「否定の『は』」とも言えます。いずれにしても、「するでしょう」、

「しないでしょう」が「5,000 円」について言いたいことですから、

「5,000 円は」のトピックとしての地位はいささかも揺らいでい

ません。他の例を考えてみると、

　　❻「誰が来ますか」に対し、

　　「山田さんと鈴木さんは来るでしょう」

と答えた場合、「最低でも」という意味があったり、「他の人は来

ないかもしれないが」などという対比のような意味があったりします。そしてそれは文法的に判別できません。

　要するに言えることは、どんな場合でも「は」はトピックを示し、「対比」、「否定」、「限度」などというのは、トピック・マーカー「は」の用法全体の部分集合に過ぎません（前頁の**図**参照）。

　「だから何なの」と言われるかもしれませんが、要するに言いたいことは、文脈によってしか、または文脈によってさえ決まらないようなことは文法として教えるべきではないということです。学習初期の段階で、「は」はトピックを示すということをしっかりしたイメージとともに理解してもらうために、方便として教えて良いのは「否定の『は』」ぐらいです。

教えてはいけない「は」についての間違った「きまり」

　これまで述べてきたように、助詞「は」の役割は唯一「トピックを示す」ことであるにも拘わらず、「は」についてはあまりにも多くの不要なことが言われ、初級日本語教育において不適切に扱われ、学習を複雑なものにしてきました。実は「は」にはこの他にもまだまだ余計な役割を負わせて、それらが「は」の本質的な性質であるかのような間違った「説」があります。2つの代表的な誤解についても見てみましょう。

(1)「は」は文末まで係る

　反例を一つ挙げます。

　　❶田中さんは来ないようだから帰ります。

　言うまでもなく、「田中さんは」は「帰ります」の主語はでは

ないので、文末まで係っていません。この例文は何ら特殊な文ではなく、ごく普通の日本語です。日本語の文は「必要な言葉＋述語」ですから、状況から明らかな「私は」は言う必要がないのです。「『は』は文末まで係る」などと教えてしまったら、❶は理解不能になります。なお、次節（102ページ）も併せて参照して下さい。

(2)「は」は文を越える

次の2つの文を比べてみましょう。

❷田中さんは、息子さんが画家なんです。この前、個展を開きましたよ。

❸田中さんは、息子さんが画家なんです。この前、自慢していましたよ。

この2つの文で「田中さん」に注目してみます。❷は、「個展を開きました」の主語が「息子さん」なので文を越えておらず、文を越えているのは「息子さん」です。❸は、「自慢していました」の主語が「田中さん」なので文を越えています。

そもそも文を越えるとか越えないとかいう観点が間違っているのです。何度も述べているように、日本語の文は「必要な言葉＋述語」ですから、言う必要のないことは言わない、ただそれだけです。❷も❸もそのルールで作られています。一応、必要のない言葉も含めた文も書いておきます。

❷'田中さんは、息子さんが画家なんです。この前、息子さんは個展を開きましたよ。

❸'田中さんは、息子さんが画家なんです。この前、田中さんは息子さんのことを自慢していましたよ。

3

学んではいけない、教えてはいけない「『は』と『が』」の理屈

自己破産している考え方

　これまでに「『は』と『が』」の「研究」なるものが数多くありますが、ほとんど間違っているか無用のものですから、勉強する必要はありません。ただし、どうして間違っているのかを知りたい方は以下をお読みください。ここでは代表的な５つの「法則」を取りあげます。なお、一部は前著『日本語教師が知らない動詞活用の教え方』にも述べてあります。

　（1）旧情報には「は」、新情報には「が」

　（2）判断文には「は」、現象文には「が」

　（3）文末まで係るときは「は」、節の中は「が」

　（4）対比のときは「は」、排他のときは「が」

　（5）措定には「は」、指定には「は」か「が」

上記（1）〜（5）はそれぞれも不適切ですが、そもそも複数の分類法とその結果を同時に主張するという考え方全体が間違っています。（1）〜（5）は、それぞれ別の人が主張しているのではなく、同一の人が本や論文などに並べて記載しているのです。それがいかにおかしなことであるかは、ちょっと考えれば分かることです。

　なぜなら、（3）と（4）に注目してみると、文末まで係り、かつ排他であるならどうなるのか、節の中に対比があった場合はどうなるのかというように大混乱を引き起こすからです。

　そもそも、分類する方法が２つまたはそれ以上あって、何かの結論を導き出したい場合は、１つの方法で分類したものをさらに次の方法で分類していかなければなりません。例えば、血液型を分類して何らかの結果を得たいとします。そのときA型、B型などの分類方法と、RHプラス、RHマイナスという分類方法があって、その両方を行う場合をみてみましょう。

（6）A型、B型、O型、AB型

（7）RHプラス、RHマイナス

　まず、A型、B型、O型、AB型の４つに分類し、さらにそれぞれをRHプラス、RHマイナスという２つの種類に分けるのですから、合計８種類に分類されるわけです。逆の順序でやっても構いません。まずRHプラスかマイナスで分類し、それぞれをA型、B型、O型、AB型の４つに分けて合計８種類とするのです。そのうえで８種類それぞれの結論を出していくのです。

　ですから、もし「は」を使うか「が」を使うかを選ぶとき（そもそもそのような選択は存在せず、単に「は」を使うか否かというだけの問題ですが）、選ぶ方法が１つだけなら単に二分されるだけですが、上述のように５つの方法があるなら、

（1）旧情報か新情報かで分け、

次にそれぞれを、（2）判断文か現象文かで分け、

4つになったものをさらに、（3）文か節かで分け、

それらをさらに、（4）対比か排他かで分け、

それらをさらに、（5）措定か指定で分ける

というように、2の5乗つまり32種類に分けなければなりません。もうお気づきだと思いますが、それぞれの分類にまず白か黒かを結論付けてしまったら（この場合は「は」か「が」か）、完全に破綻してしまいます。例を挙げるまでもありませんが、文中のある言葉について、（1）により新情報だから「が」なのに、判断文の中にあるから「は」のはず、しかも節の中だから「が」で、……という具合に意味をなさなくなってしまうのです。

　もっと単純な例でも説明しておくと、ここに日本人の男女と中国人の男女が複数いて、

（8）日本人は1階に、中国人は2階に行きなさいと言い、同時に

（9）男性は1階に、女性は2階に行きなさい

と言ったとしたら、その命令は意味をなさなくなることは誰でも分かるでしょう。1階に行くか2階に行くかを決めるとき、（8）の命令を実行するなら（9）は無意味になりますし、（9）の命令を実行するなら（8）は無視しなければなりません。（8）と（9）の指示を同時に出すというのはあり得ません。

　ですから「は」を使うか「が」を使うかという法則を、同一人物が複数提示することがいかにおかしなことかお分かりいただけたと思います。上記5つの方法のうち、（1）を主張する人はそれ以外を誤りとするはずですが、（1）の主張を忘れてしまったのか、

（2）を主張し、さらに（1）も（2）無視して（3）、（4）そして（5）までも同時に主張しているのです。こうした誤りは、「場合分け」を理解していれば防げることです。

それぞれの理屈の間違い

さて次に、それぞれの「法則」がおかしいことを証明しましょう。順番に見ていきます。

（1）旧情報には「は」、新情報には「が」

ある命題が真か偽かを判別するとき、一つ例外（反例）が見つかれば偽ということになりますが、ここでは2、3の反例を見てみましょう。

反例）

❶ A：誰が行ったんですか。

B：私が行ったんです。

「私」は話し手と聞き手の両者に既知（旧情報）ですが、Bさんは「が」を使っています。

❷ C：（突然）カギはどこかなあ。

D：さあ。カギがないんですか。

Dさんにとってカギは新情報ですが、Cさんは「は」を使っています。次にDさんにとって旧情報になった「カギ」について、Dさんは「が」を使っています。

なお、この「ルール」はあまりにも例外だらけなので、何とか辻褄を合わせるために、「場面が変わり新しいコンテクストになった場合は、既出の言葉にも『が』を使う」という但し書きみたいなものを加えた人もいますが、加えれば加えるほど泥沼にはまっ

てしまいます。もっとも、この「旧情報には『は』、新情報には『が』」という「ルール」は、最近はあまり言われなくなっているようです。これは単なる私の憶測ですが、旧情報には「は」、新情報には「が」を使うというのは、英語で定冠詞「the」を使うか不定冠詞「a」を使うかの「ルール」を日本語に適用しようとしたのではないかと思います。

(2) 判断文には「は」、現象文には「が」

　そもそも判断文と現象文に分けること自体不可解です。
　例）
　　❸（マラソン中継で）
　　　A）気温が30度を超えています。
　　　B）気温は30度を超えています。
　判断や主観が入るのが判断文だと言われていますが、そのような理屈で（A）と（B）の違いは説明できません。
　　❹携帯が壊れちゃった。
　この文には主観が入っていないというのでしょうか。
　　❺月が青い。
　この感傷的な文には「が」が使われていますが、判断文でしょうか、現象文でしょうか。

(3) 文末まで係るときは「は」、節の中は「が」

　この言い方において「文末まで」と言ったとき、前提として従属節があるような文だけに注目しているのだと思います。ですから、「主節には『は』、従属節には『が』」という意味なのだと思います。これにも、いくらでも反例はありますが、いくつか挙げ

ておきます。

　まず、「主節には『は』を使う」の反例を示しましょう。

❻用意はできていなかったのに、迎え<u>が</u>来てしまった。

❼出張は中止になったので、時間<u>が</u>できました。

　次に、「節の中では『が』を使う」の反例を示しましょう。

❽日本人<u>は</u>よく食べる魚だけど、ここにはない。

❾田中さん<u>は</u>来ないから、もう帰ります。

　このように、主節だからとか従属節だからなどということは全く関係ありません。主節の中でトピックになる言葉、従属節の中でトピックになる言葉に「は」を使うだけの話です。それ以外の言葉は格助詞だけで良いのです。またそのことは、接続助詞でつながっているのを切り離して、意味を変えずに２つの単文に分けてみれば一目瞭然です。上の❻、❼、❾の文を見てみましょう。

❻用意はできていなかったのに、迎え<u>が</u>来てしまった。

　→用意はできていなかった。それなのに迎え<u>が</u>来てしまった。

❼出張は中止になったので、時間<u>が</u>できました。

　→出張は中止になりました。それで時間<u>が</u>できました。

❾田中さん<u>は</u>来ないから、もう帰ります。

　→田中さん<u>は</u>来ません。だからもう帰ります。

(4) 対比のときは「は」、排他のときは「が」

　ここでは、対比でも排他でもない表現については何も触れていません。それはいいとして、「対比」と「排他」を同じ土俵に並べることに疑問を感じます。「私は行く」と「私が行く」を比べて、前者は「他の人は行かないが私は行く」という意味として、また

後者は「他の人ではなく私が行く」という意味として比べたいのだと思います。しかし、前者は「私」に関して「行くか行かないか」を論じている文で、後者は「誰が行くのか」を問題にしている文ですから観点が違うのです。それを同列に比べることに違和感を持ってしまうのです。しかしそれには目をつぶりましょう。

　対比なら「は」を使うのは当然です。なぜなら、「○○は」が対比であるとき、すでにそれはトピックになっているからです。上述の例では、「私について言えば、行く」と言いたいからです。トピックの言葉（この場合「私は」）がたまたま対比になっているだけです。「2. 助詞『は』は超シンプル」でも述べたように「As for ……」が対比を表すこともあるのと同じレベルの議論です。言い換えれば、「対比の『は』」というのはあくまでもトピックという役目を小分けしたようなものです。他にも「否定の『は』」や「限度の『は』」などがありますが、これらはみな方便として扱っているだけで、「○○は」は何と呼ばれようとトピックというステータスを失ったわけではありません。要するに、対比の用法はトピックの用法全体に対して部分集合になっているわけですから、「は」を用いるのは当然です。

　さて次に、「排他なら『が』」について考えてみます。排他の例として、「誰が行くのか」を問題にしているとき、「（AさんでもBさんでもなく）私が行きます」と言ったとしたら、「私が」が言いたいことです。ですから「私」はトピックではなく、したがって「は」は使わず、格助詞のままです。しかし、トピックになっていない補語はすべて格助詞（ゼロ格助詞も含む）のままで、主語なら当然「が」になりますから、殊更「排他だから『が』」という必要もないと思います。

なお、「○○が」が排他の意味であるかどうかは文脈によって決定されるのであり、「が」そのものに排他の意味や役目があるのではありません。排他の他にも同じような「総記」とか「中立」、「強調」などという役目や意味を持つという主張がありますが、そもそも格助詞というのは述語との格関係を示すだけで、排他その他の意味は一切ありません。例えば「家で飲む」という文は、ストーリーによっては「家で」が排他や強調の意味になる場合があります。しかし、それは「で」自身が持つ役目ではなく、誰もそんな議論はしていません。おそらく「で」は「は」を付けると「では」となり、場所の格とともにトピックであることが見た目から明らかになっていて、わざわざ「で」の役目を増やさなくても「問題意識」を持つ人がいないからでしょう。一方「が」の場合は、「は」を付けると「がは」つまり「は」になってしまい、混乱して、「が」も「は」も主語であるけど一体どう違うのかという、あらぬ「問題意識」が発生して、その結果「が」にいろいろな役目を見つけてきては取って付けてしまうのでしょう。排他かどうかは「で」などについては論じられていないのですから、「が」についても論じるべきではありません。どうしても論じたければ、他の格助詞「を」、「で」、「に」、「から」など全てにおいて検証するべきです。もっとも、検証して「格助詞は『排他』とか『中立』、『総記』、『強調』の意味になることがある」などと主張することにどんな意味があるのでしょうか。それはちょうど英語で、「主語は『トピック』や『対比』、『排他』、『中立』、『総記』、『強調』の意味になることがある」と言うのと同じぐらいナンセンスです。

(5) 措定には「は」、指定には「は」か「が」

　これは、名詞文に特化した分け方のようです。

　措定文とは何でしょうか。「AはBです」という文で、BがAの説明になっており、かつ「BがAです」と言い換えられない文（例：犬は哺乳類です）だとすると、Aはとりもなおさずトピックになっているわけですから、当然「は」が使われます。トピックは「○○は」と表され、そのあとに言いたいこと聞きたいことが続く、ということを覚えていれば、措定文などという概念を持ち出さなくてもいいのです。言うまでもないことですが、指定文すなわちAとBが同一のものであるような文は、Aをトピックにしたければ「は」を使えばいい、ただそれだけです。「トピック」の定義そのもののような当たり前のことを、なぜわざわざ措定文とか指定文などという名詞文だけのルールとして表現するのか分かりません。措定文とか指定文という分類は、日本語教育に限って言えば全く必要ありません。

　以上（1）～（5）の他にも、今は葬り去られたのか、誰も言わなくなったようですが「名詞文、形容詞文には『は』、動詞文には『が』を使う」というのもあります。前著『日本語教師が知らない動詞活用の教え方』にも記載しましたが、念のためもう一度、なぜ間違いなのか例を挙げて述べておきます。

　例）

　❿（ホテルの部屋に入ったとき）

　　テレビが日本製だ（名詞文）

　　窓が大きい（形容詞文）

　　熱いお湯が出る（動詞文）

この３つの文にはすべて「が」が使われています。

❶（Aさんの印象）

　　Aさんは外国人だ（名詞文）

　　Aさんはこわい（形容詞文）

　　Aさんはよく働く（動詞文）

上記３つの文にはすべて「は」が使われています。

このように、「は」を使うか「が」を使うかは述語の用言の種類に関係ありません。言うまでもないことですが、ものごとを検証するときは、同一の条件や状況で検証しなければ意味がありません。ですから、次のような３つの文をとりあげて、動詞文には「が」を使うと結論付けるのは、どう考えても「検証」とは言えません。

　　Aさんは外国人だ（名詞文）

　　Aさんはこわい（形容詞文）

　　Aさんが来た（動詞文）

３番目の動詞文だけ、状況が違うのです。

ここまで、不適切な「法則」を見てきましたが、この中で覚えておいても良いのは「対比なら『は』」だけです。しかし同時に、「トピックであること」が「対比であること」の必要条件であることも覚えておいてください。つまりトピックでなければ対比など起こり得ないのです。

まとめ

矛盾を含む２つ以上の法則を主張するという発想の誤り、さらにそれぞれの「法則」の誤りを見てきました。こうした「は」

と「が」の理屈（研究）にはいささか首を傾げてしまいます。ですから教師養成講座で扱われている冒頭の (1) ～ (5) は、完全に切り捨てましょう。そして日本語の授業で教えてはいけません。

　では一体筆者は何が言いたいのかとおっしゃるかもしれませんね。私が言いたいのは、まず、「は」と「が」を比べてはいけない、比べたいなら「は」と格助詞全般を比べなさいということ、そしてその結論として、「は」についてたった一言で説明できるようにしましょう、ということです。「2. 助詞『は』は超シンプル」で述べましたが、「は」の役割はただ一つ「トピックを示す」です。それでもなお、どうしても「は」と「が」の違いを教えたければ、次のように言えば良いでしょう。

　「『が』はトピックを示さない」

　数学や科学においては、混沌としているものを分析してシンプルな法則を見つけ出すのが研究です。そしてそれはシンプルであればあるほど優れています。ご存じのように、アインシュタインは質量とエネルギーの関係を「$E=mc^2$」というシンプルな式で表わしました。数学では、今まで 50 ページでなされていた命題の証明が、わずか 10 ページで説明できたとしたら、それは優れていると評価されます。理数系の人間の頭は、物事をシンプルにしていくというベクトルしかありません（具体的な例は 110 ページ「もっと知りたいコラム⑥」参照）。ある研究者によると、複雑な結論になってしまったら、それは間違っているに違いないと考えるそうです。文系のジャンルの研究も、物事をシンプルにしていくという発想があれば良いのにと思います。特に文法というのは法則ですから、科学のようなものです。できるだけシンプルにして例外がないような法則にまとめるべきです。著名な三上章氏はもと

もと数学教師でした。だから日本語の文法、特に主語についての考え方がおかしいということに本能的に気付かれたのだと思います。

〔補足―― 文法の預かり知らぬこと〕
　前節「2．助詞『は』は超シンプル」で「対比の『は』」、「否定の『は』」、「限度の『は』」は「は」の本質ではなく、文脈の中でしか決まらないと述べました。さらに本節において「が」の「役割」とされている「中立」、「総記」、「排他」なども文脈の中でしか決まらないと述べました。

　文脈によってしか決まらないものは、文章や談話の解釈、語用として考察するべきで、文法のジャンルではありません。したがって、むりやり文法で決着をつけようとするのは誤りです。例えて言うなら、ある状況において英語で「He was a student」という文を「he」または「was」または「student」のイントネーションを上げて、

　　　HE was a student
　　　He WAS a student
　　　He was a STUDENT

と言った場合、対比や強調、排他などの意味が加わってきますが、それは状況や言い方によるもので、人称代名詞や be 動詞や名詞が本来的に持つ役目ではありません。文法には関係ないのです。

　物事をシンプルにしていくということに関して、２つの具体例を紹介します。

　１つ目は、素粒子物理学者・村山斉氏の文章から引用します。

　（略）118 種類はちょっと多すぎる。実は 1932 年、物質のおおもとは一気に３種類に減った。原子はもっと細かく分けられ、陽子と中性子がくっついた「丸おこし」のような原子核の周りを電子が回っているのだ。
　陽子と中性子はほぼ同じ重さで、電荷だけが違う兄弟だ。同じ 32 年、電子の「反物質」の陽電子も見つかった。陽電子は陽子と電荷が同じで、実は同じ仲間かも知れない。（略）
　（2020 年 7 月 15 日付「朝日新聞」、連載「時空自在」から）

　この研究はまだ結論に至っていませんが、すべての物質のおおもとはもっとシンプルなものに違いないと仮説を立てて、研究が続いてきました。17 世紀にはすべてのモノがたった 118 種類の「原子」に行きつくことが分かり、その後 118 種類は多すぎると考え、さらにシンプルにしていく研究が進んできたのです。素粒子の研究が進んでいる現在、陽子と中性子が「兄弟」であることまで分かり、この先もしかしたら陽電子と陽子が「仲

間」であると判定されるかもしれません。しかし一方、新たな粒子が次々と見つかり、「シンプル化」の道は一進一退のようです。

　混沌とした対象物を分析し、類似性に着目し、共通項を発見してシンプルに表していく——何を研究するにしてもこれが根底となる考え方です。

　２つ目ですが、イスラエルの物理学者エリヤフ・ゴールドラット（1947年–2011年）という人は、「制約条件の理論（TOC）」（Theory of Constrains）を提唱し、ビジネス上の問題解決や効率化によく使われているそうです。どういう理論かというと、物事はとてもシンプルであり、どんなに複雑なトラブルが発生しても、たった一つのボトルネック（障害）を発見することが解決につながる、というものです。実に科学者らしい発想です。

　これは、学習がうまくいかなかったときにも使える考え方だと思います。

4

日本語は
「必要な言葉＋述語」
である

数えきれない架空の「文型」を廃止する

　序章で述べた、新しい初級日本語教育のポイントの３つ目について説明していきます。

　日本語には文法的に必須な補語というものがなく、述語の前に、当事者にとって言わなければならない言葉だけを置きます。つまり構文としては「必要な言葉＋述語」なのです。ですから、そのような形の文が作れるように指導していかなければなりません。

　ところが、旧来型初級日本語では動詞文を導入するとき、動詞と一緒に２つまたはそれ以上の補語のある文を教え、「……は……をＶ」、「……は……で……をＶ」などのような人工的文型を覚えさせ、あたかも必須補語があったり、語順が定まっていたりするかのように指導します。そして学習者はその通りに作文しようと無駄な努力をします。その結果、発話に手間取るだけでなく、

不自然な日本語を話すようになります。

　一例を挙げると、「やり・もらい」を導入する授業です。私が見学したクラスでは、「XさんはYさんにZをあげます」という文型を教え、一度に「あげる人」、「あげる相手」、「あげる物」という３つの補語を使って練習を始めました。教科書通りやっているのであり、教師の問題ではないでしょう。学習者は文型通り一生懸命発話練習していましたが、実際に「あげる」を使う状況が起きたとき、はたしてうまく言えるでしょうか。習った「文型」通りに文を組み立てようと、必死の努力をしてしまうのではないでしょうか。日本語には英語のＳ−Ｖ−Ｏ−Ｏのような構文がないのですから、「XさんはYさんにZをあげます」などと覚えさせるべきではありません。

　ではどうしたら良いかと言うと、「あげる」という動詞を導入するとき、すでに主語には「が」、目的語には「を」を学んでいるのですから、

　　「○○が　あげる」
　　「○○を　あげる」

という練習をさらっとします（もちろん丁寧体でも良い）。

　（練習例）

　　「だれが　あげるんですか」「○○さんが　あげます」
　　「なにを　あげるんですか」「○○を　あげます」
　　そして、新たに導入する「○○に」を慣らすために、
　　「○○に　あげる」

をみっちり練習すれば良いのです。そうすれば任意の２つの補語を使うのは簡単です。基本的に補語のポジションに順序のきまりはないのですから、「○○に　○○を　あげる」とか「○○を

○○に　あげる」と言えばいいわけです。またこれ以外に、時の補語や数量の補語を用いることもできます。そうすれば実際に使う場面になったとき、１つか２つの必要な補語だけを用いて自然に話せるのです（数量を表す補語は目的語の直後が無難）。

　基本的に、ビギナーのクラスで動詞や助詞を導入するとき、補語は１つずつにして当該格助詞に慣れさせるのが良いと思います。

　例）

　　❶Q：だれが来るんですか。

　　　A：○○さんが来るんです。

　　❷Q：いつ来るんですか。

　　　A：○○に来るんです。

このような練習をたくさんすれば、

　　「お客さんが１時に来るんです」

　　「月曜日に田中さんが来るんです」

などと２つの補語を持つ文も容易に作れるようになります。

　こうした指導を通して、学習者は「必要な言葉＋述語」の形で文が作れるようになり、自然な日本語が話せるようになるのです。

動詞文を自由自在に作る

　教科書『ニュー・システムによる日本語』には「助詞の種類とその用法」という表および例文（「巻末資料２」参照）が収録されていて、各々の格助詞が導入される課も明記してあります。さらに副助詞「は」や「も」を付けた場合についても、全て例文とともに記載してあります。ビギナーの初めのころからこうしたものを示し、自由に動詞文を作る練習をすると良いでしょう。

　練習例を挙げておきます。次のような表を用意します。学習段

階に応じて、既習の項目のみ入れれば良いでしょう。

時	（ゼロ）、に
場所	に、で
方向	へ、に
主語	が
目的語	を
目的	に
起点	から
終点	まで
手段、方法	で
原因、理由	で
対象	が
引用	と
共同	と
相手	に
離れ所（自動詞）	を

（練習例）

❶「いる」

　例）時と場所

時	（ゼロ）、に
場所	に、で

きのう　　 ⎫
ここに　　 ⎬ いた
　　　　　 ⎭

❷「食べる」

例）場所と共同

場所	に、で
共同	と

ファミレスで ┐
友達と ┘ 食べる

❶、❷の例では2つの補語が使われていますが、補語の数は
いくつでもいいのです。

ここで、スリーエーネットワーク編『みんなの日本語』（スリー
エーネットワーク、2012年）の第4課から第11課までの文型を、
この方法で教えるとどうなるか、やってみましょう。なお、トピッ
ク「○○は」を上段に書いてみます。

第4課

1）わたしは　毎朝　6時に　起きます。

2）わたしは　きのう　勉強しました。

	格助詞	トピック
主語	が	がは→は
副詞	（ゼロ）	は
時	に	には

1）

わたしは
毎朝 ┐
6時に ┘ 起きます。

2）

わたしは
きのう　勉強しました。

第5課

  1）わたしは　京都へ　行きます。

  2）わたしは　タクシーで　うちへ　帰ります。

  3）わたしは　家族と　日本へ　来ました。

	格助詞	トピック
主語	が	**がは→は**
方向	へ	へは
手段	で	では
共同	と	とは

   1）
    わたしは
    京都へ　行きます。

   2）
    わたしは
    タクシーで ⎤
    うちへ　　⎦ 帰ります。

   3）
    わたしは
    家族と ⎤
    日本へ ⎦ 来ました。

第6課

  1）わたしは　本を　読みます。

  2）わたしは　駅で　新聞を　買います。

  3）いっしょに　神戸へ　行きませんか。

  4）ちょっと　休みましょう。

	格助詞	トピック
主語	が	**が**は→は
目的語	を	**を**は→は
場所（行為）	で	では
副詞	（ゼロ）	は

1)
　わたしは
　本を　読みます。

2)
　わたしは
　駅で
　新聞を　┐
　　　　　┘ 買います。

3)
　いっしょに
　神戸へ　┐
　　　　　┘ 行きませんか。

4)
　ちょっと　休みましょう。

第7課

1) わたしは　パソコンで　映画を　見ます。

2) わたしは　木村さんに　花を　あげます。

3) わたしは　カリナさんに（から）　チョコレートを
　　もらいました。

4) わたしは　もう　メールを　送りました。

	格助詞	トピック
主語	が	が<del>は</del>→は
手段	で	では
目的語	を	を<del>は</del>→は
相手	に	には
相手 （出どころ）	に から	には からは
副詞	（ゼロ）	は

1)
わたしは
パソコンで ┐
映画を　　┘ 見ます。

2)
わたしは
木村さんに ┐
花を　　　 ┘ あげます。

3)
わたしは
カリナさんに（から）┐
チョコレートを　　 ┘ もらいました。

4)
わたしは
もう　　 ┐
メールを ┘ 送りました。

第8課

1) 桜は　きれいです。

2) 富士山は　高いです。

3) 桜は　きれいな　花です。

4) 富士山は　高い　山です。

	格助詞	トピック
主語	が	が<del>は</del>→は

1)
桜は
きれいです。
2)
富士山は
高いです。
3)
桜は
きれいな　花です。
4)
富士山は
高い　山です。

第9課

1) わたしは　イタリア料理が　好きです。

2) わたしは　日本語が　少し　わかります。

3) きょうは　子どもの　誕生日ですから　早く
帰ります。

	格助詞	トピック
主語	が	が<del>は</del>→は
対象語	が	が<del>は</del>→は
副詞	（ゼロ）	は

1）

　わたしは

　イタリア料理が　好きです。

2）

　わたしは

　日本語が　┐
　少し　　　┘　わかります。

3）（2つに分けて）

　きょうは

　（従属節）

　子どもの　誕生日です　（＋から）

　（主節）

　早く　帰ります。

第10課

1）あそこに　コンビニが　あります。

2）ロビーに　佐藤さんが　います。

3）東京ディズニーランドは　千葉県に　あります。

4）家族は　ニューヨークに　います。

	格助詞	トピック
主語	が	**が**は→**は**
場所（状態）	に	**には**

1）

　あそこに　　┐
　コンビニが　┘　あります。

2）

　ロビーに　　┐
　佐藤さんが　┘　います。

3)
東京ディズニーランドは
千葉県に　あります。
4)
家族は
ニューヨークに　います。

第11課

1) 会議室に　テーブルが　7つ　あります。

2) わたしは　日本に　1年　います。

	格助詞	トピック
主語	が	**がは→は**
場所（状態）	に	**には**
数量	（ゼロ）	**は**

1)
会議室に
テーブルが ⎫
7つ ⎬ あります。

2)
わたしは
日本に ⎫
1年 ⎬ います。

　このような練習を重ねていくことにより、日本語は状況におい
て必要な言葉だけを言えば良いのだということが身に付きます。
つまり、「必要な言葉＋述語」という根本概念です。
　もはや旧来型教科書で扱うような「……は……をＶ」、「……は
……にＶ」、「……が……にＶ」、「……は……で……をＶ」などの「文

型」は一切必要なくなりますから、覚える労力がなくなるだけで
なく、シンプルで自然な日本語を話すようになります。

　そして次に示すような文末の形を、ビギナーの最初に学習して
います（新しい初級日本語教育の1つ目のポイント）から、表現の幅
は本当に広くなります。

（6つの活用形を使った文末の形）

ない形＋んです	……ないんです
ます形　……ます／ません	……ます／ません
辞書形＋んです	……んです
ば形＋いいですか	……ば　いいですか
よう形＋とおもいます	……ようと　おもいます
て形＋ください	……て　ください

　　例）いく

いかないんです
いきます／いきません
いくんです
いけばいいですか
いこうとおもいます
いってください

5

補足 敬語指導を変える
初級学習者が簡単に使えるように

「れる・られる」を早期に教える

第1章「10. 使わない敬語を教えていませんか」の対話の中で敬語の指導について述べましたが、敬語の中で尊敬語と謙譲語について、ここでもう一度取り上げたいと思います。

すでに述べたように、尊敬語の「お……になる」は現在ほとんど使われなくなっています。

私がシンガポールで日本語教育に携わり始めた1980年代には、「お……になる」は日常的に使われていました。学校で私のもとで働く教師と話すときは、相手の年齢に関係なく「お……になる」を使っていました。それ以前に日本で仕事をしていたときからの習慣です。

しかし90年代になって新しく採用した教師が、私に対して「れる・られる」を使うようになりました。たまに帰国してみると、

確かに日本では「お……になる」が聞かれなくなり、尊敬語はみな「れる・られる」を使っていました。当時、私は「れる・られる」には慣れていなかったのですが、できるだけ切り替えるようにしました。まわりで「お……になる」が使われていないのに、一人だけ使うと周囲から浮いてしまうからです。

今日、日本人はかなり年上か相当目上の人に対してしか、「お……になる」を使いません。学習者が使う機会はほとんどないと思います。また、日本に来たばかりの学習者は、「お……になる」はホテルなどのサービス業のスタッフからしか使われないと思います。要するに、学習者にとって「お……になる」は、使うことも使われることもほとんどないのです。

少し前までのほとんどの初級教科書が作られたころ、日本では「お……になる」が一般的でした。その後敬語が変わっていきましたが、現在市販されている教科書の内容は変わっていません。ですから、学習者が目上の人や年上の人と話すときに、教科書で学んだ通り「お……になる」を使うと、場違いに感じられます。若い教師も、学習者から「お……になる」を使われたら、面はゆい気持ちがするでしょう。

現在、日常的に使われている尊敬語は「れる・られる」です。私たちは友だち以外の大人と話をするとき、相手の年齢や地位に関係なく「れる・られる」を用います。毎日使われている使用頻度の高い「れる・られる」は、初級の最後ではなくもう少し早い時期に教えるべきです。

なお、動詞が「……ている」、「……ておく」、「……てみる」、「……てしまう」、「……に行く／来る」のように使われる場合は、以下の例のように最後の部分のみ尊敬語にします。

1）使っている→使っておられる

2）買っておく→買っておかれる

3）やってみる→やってみられる

4）読んでしまう→読んでしまわれる

5）とりに行く／来る→とりに行かれる／来られる

謙譲語について

　尊敬語が聞き手の行為や状態全般に使われるのに対し、謙譲語「お……する」は聞き手のため、あるいは聞き手に関係する行為にのみ使われるので、使用頻度は低いと言えます。また、聞き手に関係する行為といっても、「……（さ）せていただく」を使わなければならない場合もありますから、「お……する」を用いる動詞は限られます。誤用を避けるためにも、「お……する」を導入するときは、それを使う動詞を限定して教えたほうが良いと思います。その動詞とは、物のやり取りとして「渡す」、「借りる」、「返す」、「送る」、情報のやり取りとして「知らせる」、「伝える」、「話す」、「聞く」、その他「見せる」、「待つ」、「持つ」などです。こうした動詞をリストアップしておけば、相手に関係するような行為（動詞）であっても、リストにない動詞には「お……する」を使わないという判断ができると思います。例を挙げれば、相手の部屋に入るときに間違って「お入りしてもいいですか」などと言うことは避けられます。

　なお、聞き手に関係のない行為に使われる謙譲語もありますが、使用頻度はさらに低くなります。

名詞・形容詞の敬語

　名詞や形容詞に「お」や「ご」を付けて尊敬語にするものがあ
りますが、結論から言うと、そのままでも失礼にはなりません。
使った方がいいのは「お名前」ぐらいでしょう。

　「お」や「ご」を付けて尊敬語にする言葉は限られていますし、
音読みの熟語には「ご」を使うという大まかな法則があるものの
例外が多いため、その都度個別に教えるか、リストアップして示
したほうが誤用を避けられます。名詞はそれ自体を尊敬語にしな
くても、一緒に用いる動詞を尊敬語にすれば充分です。逆に、名
詞を尊敬語にして動詞をそのまま使うと失礼な響きがあります。

　　例)

　　　○　名刺を持っていらっしゃいますか。

　　　×　お名刺を持っていますか。

指導のポイント──これだけで学習者は、「できる人だ」 と思われる

　初級での敬語指導は次のようなポイントで行うのが良いと思い
ます。

　1)「いらっしゃる」のように使用頻度の高い動詞は初級の初
　　めのほうで教える。

　2)　尊敬語の「れる・られる」は、毎日のように使われるので、
　　初級のなるべく早い時期に導入する。

　3)謙譲語「お……する」の形は使う動詞が限られるので、動
　　詞をリストアップする。

　4)名詞、形容詞は「お」や「ご」を付けられるものが限定さ

れるので、教科書にあるものだけを覚えればよいが、使わなくても失礼にはならない。

　以上ですが、さらに初級学習者向けにまとめると、尊敬語の「れる・られる」を使えばそれだけで敬語ができる人だと思われるので、かなり得です。また、名詞や形容詞は気にせず、動詞だけに集中しましょう。そして実は、これが現代における日本人の日常敬語の姿です。つまり日本人は毎日、友人以外とはこのようにシンプルな敬語を使いながら話をしているのです。

第3章

学習者を一変させる
初級日本語教育の新しい道

　ここまでで、多くの無駄を省いて本質を教えれば、初級日本語がいかに簡単になるかをご理解いただけたと思います。

　ここでもう一度、過去の教科書を掘り返して見ていくことにより、現在の初級日本語教育が歪んだ道筋のまま作られてしまったことが明らかになります。

　毎日工夫をこらして素晴らしい授業をしている皆さんは、歪んだ考えで作られた教科書を使っていることに疑問を持たれることでしょう。

　教科書を組み立て直せば、想像もできないような世界が開かれます。

　今やらなければいけないことは、一日も早く本来の日本語の正道に戻していくことです。

　35年前の著者の苦い経験や、さらに昔の外国語学習経験も盛り込んでお話しします。

1

教授法は
「文法積み上げ式」だけ
である

母語習得と外国語学習は、全く別のもの

　第1章でも触れたように、母語を身に付けるのと外国語を学習するのとは全く異なる作業です。言ってみれば、ヒトが歩けるようになるのと、車の運転ができるようになることとの違いみたいなものです。ですから特殊な場合を除き、母語を身に付ける過程・方法を、そのまま外国語を習得するために用いることはできません。

　母語は、生まれたときから五感を使って周囲の人の話していることと、自分や周囲のことを結びつけながら身に付けていきます。文法は学びません。

　一方、外国語を習得するとはどういうことでしょうか。ここでは、教師や本によって学習する場合について見てみます。

　一つは、ほとんどの学習者に当てはまることですが、その言語

が全く話されていない国で学習する場合です。この場合はその言語による刺激が皆無ですから、母語学習に似たような方法は全く不可能です。例を挙げれば、日本で英語を学習するような場合です。学習者はその言語について知りたいのに、文法もきちんと教えず、その言語と小道具を駆使して授業を行なっても覚えられることはほんの僅かで、学習者はフラストレーションが溜まります。人間が1週間に起きている時間が平均112時間とすると、その112時間は母語使って考え、話し、母語を聴いています。そんな環境で外国の言語を学ぶ場合、その言語に接するのは授業中しかなく、1週間に3〜10時間といったところでしょう。その3〜10時間に五感を駆使し、文法を最小限にして、母語習得に似た方法でその言語を学ぼうとすると、膨大な月日がかかってしまいます。そのような限られた時間で覚えたことだけから、帰納的に何か法則を見出して、別の場面で応用するようなことはほとんど望めません。

　したがって、文法をきちんと教えなければならないのは言うまでもありません。ですから、日本の英語教育で初めに語順（主語、動詞の順）、動詞や人称代名詞の変化などを法則として教えながら練習させるのは、大変理にかなったことだと思います。

　もう一つは、その言語が使われている国で学習する場合です。つまり、英語圏で英語を学んだり、日本で日本語を学んだりする場合です。その場合は文法を少しだけにして、母語習得の要素を加えて授業をしても効果が得られるでしょう。教室を出ても、一日中その言語による刺激を受けるからです。国際交流基金編著『まるごと　日本のことばと文化』（三修社、2013年。以下、『まるごと』と略す）という教科書は、そのような状況を想定して作られてい

ると言えます。

教授法は、文法（文型）積み上げ式だけである

　教授法、アプローチ、メソッドと言われるものは、文型積み上げ式、文法訳読法、ナチュラル・アプローチ、直接法、オーディオ・リンガル・メソッド、コミュニカティブ・アプローチ、Can−do（課題遂行型）シラバスなど数えきれないほどありますが、これでは基本的な考え方と、それを遂行するための具体的な方法が混在しており、比較することができません。

　外国語習得には、大きく分けて、文法を学びながら習得する方法と、母語習得に似た方法を用いるという二つの道があります。ここで前者を「文法積み上げ式」（「文型」積み上げ式ではない）と呼びましょう（なぜ敢えて「文型」積み上げ式と言わないかというと、従来の日本語教育では、実際に使わないような人工的「文型」を数えきれないほど覚えさせていて、それを「文型積み上げ式」と呼んでいるからです）。上に挙げたメソッドの一つひとつが、それより前にできたものの批判の上に新たな異なるメソッドとして開発されたように言われていますが、実は文法積み上げ式による教育がより効果的に実践できるよう加えられた方法論またはツールのようなものなのです。つまり、学習した文法を定着させ、使えるようにするためにオーディオ・リンガル・メソッドがあったり、特定のシチュエーションで使えるようにするためにコミュニカティブ・アプローチなどがあったりするのです。

　ここで少し私の経験を述べると、学生時代に第2外国語でドイツ語を学んだときは、教室での訳読と音読のみで、基本的な読み書きはできるようになりましたが、LL（Language laboratory）

が使われなかったこともあり、会話ができるようにパターンを定着させることはできませんでした（もちろん、基礎的な冠詞などの活用は、最も初期の段階で何度も反復練習して頭に刷り込んだため、今でもきっかけがあれば思い出せます）。その後、オーディオ・リンガル・メソッドと銘打った教科書を用いて、フランス語を学んだことがあります。その教科書は、取りも直さず文法積み上げ式で作られていました。文型ごとに膨大なドリルの音源があり、おかげで使用頻度の高い多くの文型を定着させることができました。要するに、オーディオ・リンガル・メソッドはテクニカルなツールであったわけです。

　最近広まっているコミュニカティブ・アプローチも、文法積み上げ式の考え方が土台にあり、ある状況を設定したクラス活動の中でその課で導入する文法項目を使い、コミュニケーションができるよう工夫されたものだと言うことができます。ちょうど子どもに算数を教えるときに買い物やお菓子を分けるなどのシチュエーションを使うのと同じようなものです。

　現在ほとんどの日本語教師は、スリーエーネットワーク編『みんなの日本語』（スリーエーネットワーク、2012 年）などの文法（文型）積み上げ式の教科書を使い、コミュニカティブ・アプローチを実践していると思います。

　Can‐doメソッドを売り物にした『まるごと』という教科書も、「りかい」という項目に各課で導入される文法が書かれています。そして「トピック」や「もくひょう」には各課で扱う会話のシチュエーションが書かれていますが、他の教科書で扱っているシチュエーションと同じようなものです。特徴としては、『まるごと』は地域の外国人家族の学習やボランティアによる指導を想定

しているため、文法の導入はかなりゆっくりしていて、大学など
の教育機関で使える教科書ではありません。言うなれば、九九を
ゆっくりと中学3年生までに覚えさせるようなものです。しかし、
たとえ「て形」を1年もたってから学んだとしても問題ないでし
ょう。それまでに地域の交流や生活を通して、そこそこ日本語が
できるようになっているからです。それに、「て形」を正しく作
れなくてもほとんど困ることはないと思います。

　また、授業に媒介語を使うかどうかという分類もありますが、
いずれも実際に教える国または環境において、「文法積み上げ式」
による教育がより効果的に実践できるよう選べばよいことです。

　さて、もう一つの「母語習得に似た方法」というのは、かなり
特殊な状況に置かれて、それ以外に道がないような場合にしか適
用されないでしょう。大人が、参考書などで文法という助けを全
く借りずに幼児のように言語を習得するには、途方もない時間が
かかるでしょう。

　なお、直接法が母語習得のようなものだという考え方もあるよ
うですが、少なくとも私が今まで見聞きした直接法による日本語
の授業では、日本語や小道具によって文法も説明していますし、
学習者は教科書や参考書で文法を勉強していますから、母語習得
とは似ていません。

　ここまで述べてきたように、私は外国語学習は「文法積み上げ
式」そのものだと考えています。単語をただ並べて意思疎通を図
ろうとする、いわゆるブロークンではない、ちゃんとした外国語
を使おうというなら、文法抜きには不可能だからです。ですから
文法を教え、それが読み書きだけではなく会話で使えるようにさ
せるために、様々なメソッドや具体的なツールを選べばいいので

す。要するに、「文法積み上げ式」か「コミュニカティブ・アプロー チ」かを選ぶのではなく、「文法積み上げ式」プラス「コミュニ カティブ・アプローチ」となるのであり、同様に「文法積み上げ式」 か「オーディオ・リンガル」かを選ぶのではなく、「文法積み上 げ式」プラス「オーディオ・リンガル」なのです。

　最後に付け加えるなら、従来型初級日本語教育の「文型積み上 げ式」は、文法が有効に積み上げられておらず、無駄に架空の「文 型」を覚えるだけでなかなか上達しません。ぜひとも文法を再構 築して学びやすいものにしていかなければなりません。

2

歴史的教科書の誤謬と
新しい教科書作りの提唱

かの有名な「長沼教科書」とその後の教科書、そして著者の負の経験

　前節で触れた日本語教育における非効率的「文型積み上げ式」が、なぜ定着してしまったのかを探っていきたいと思います。

　日本語教育を論じるとき、教科書抜きには語れません。歴史的に最も有名な教科書で、長沼直兄という方が書き、一般に「長沼教科書」、「ナガヌマリーダー」と呼ばれているものがあります。1970年頃まで使われていたものは青い表紙で、そのあと赤い表紙になって「赤本」と言われ、1980年代にもときどき見られました。

　第1章でも触れましたが、現代の初級日本語の根底にある問題点を語るときに、避けて通れないので、ここでまた繰り返し述べたいと思います。

「長沼教科書」の正式名は『標準日本語讀本』(1931～1934年)、のちに『改定標準日本語讀本』(1948年) といいます。初級から超級まであり、日本語と日本文化を普及させるために大いに貢献はしました。しかし、長沼氏が英国人 (ハロルド・パーマー氏) に言語学を学んだため、本来の国文法ではなく英語文法を真似て作ってしまい、その弊害が今日まで及んでいます。ここでいう「本来の国文法」とは、本居宣長によって体系化された、日本語本来の分析のもとに作られたものを指しているのであり、明治以来、現在まで学校教育で教えられている、英語教育を真似た国語の文法のことではありません。

　英文法を真似て作ったという証拠に、『標準日本語讀本』で最初に学習するのは「これは本です」という文なのです。明らかに「This is a book」から借りてきたものです。英語では「book」、「is a book」、「this book」などでは文にならず、構文、この場合 S‐V‐C という法則に基づいて文を作らなければなりません。したがって、「This is a book」や「I am John」などが例文として出てくるのです。しかし、日本語にはそのような構文は存在しませんから、無理やり日本語に置き換えた「S‐C‐V」という形をした文——「これは本です」や「私は田中です」など——を基本の文であるかのように教えるべきではありません。なぜなら、学習者は日本語は主語から始めなければならないと誤解し、さらに主語はトピック (「は」を用いる) にしなければならないという二重の誤解を持つようになるからです。

　その後多くの日本語教科書が作られましたが、初級に関してはそのすべてが「長沼教科書」を参考に、あるいは継承したものです。本来の国文法を土台にしたものは作られていません。

こうしたことを私が何度も掘り返して議論するのは、現在の悲惨な初級日本語教育の根本原因を、多くの日本語教育関係者の方に知っていただきたいからです。それ以前に、そもそも悲惨であると感じてさえいない教師の方に、毎日ご自身がどのような授業を行なっているかを改めて認識していただきたいからです。

　少し横道にそれますが、私どもは小学校で「日本語は『主語』と『述語』から成る」と教えられました。しかし、様々なところで述べているように、日本語には英語でいう「主語」と同じ働きをする要素はありません。知り合いの国語教師から、今でも日本の学校教育では「日本語は『主語』と『述語』から成る」と教えていると聞き、驚きましたが、そうした間違いを教えても実害はありません。前章でも述べた通り、その年齢になるまでに母語である日本語は使えるようになっており、たとえ週に数時間の国語の授業でそうした間違いを教えられても、そのようなことは無視してちゃんと作文が書けますし、日常会話も影響を受けないからです。しかし、日本語を外国語として学ぶ学習者にとっては大問題です。教えられたことが真実だと思って、その通りに覚えて身に付けてしまうからです。

　さて、話を戻しますが、私が日本語教育を始めてから今日まで、広く使われている教科書は「赤本」の後継とでも言うような海外技術者研修協会 編『日本語の基礎』(海外技術者研修調査会、1974年)、国際交流基金 著『日本語初歩』(凡人社、1981年)、海外技術者研修協会 編『新日本語の基礎』(スリーエーネットワーク、1990年)、スリーエーネットワーク 編『みんなの日本語』(スリーエーネットワーク、1998年／2012年) という具合で、全てが同類です。現在の日本語教科書および日本語教育は、これを踏襲するものです。

これらは、初歩の段階で本来の国文法の基礎を教えていませんので、何か月勉強しても自然な日本語は話せません。前著『日本語教師が知らない動詞活用の教え方』でも述べたように、これは英語、ドイツ語、フランス語など（私は他の言語は学習していないので言及できません）の言語教育と比べて大きな違いです。これらの言語を数か月学んだ場合と、従来の初級日本語を数か月学んだ場合、その結果に大差がつくのです。英語、ドイツ語、フランス語教育では最も初期の段階でコアとなる文法的基礎事項を学習していますが、日本語教育では初期にそれが学べていないからです。

　本来の国文法の基礎を教えず、その中のほんの一部分だけを取り出し、それがまるで日本語の「基礎」であるかのように教えます。本来ならば数週間で学べる日本語の基礎事項を１年ぐらいかけて苦労しながら学ばなければなりません。皆さんは、ビギナーのクラスで最初の数週間、来る日も来る日も「……は……です／じゃありません」という文型で、手を変え品を変えいろいろな文を教えていると思います。私が初めて日本語を教えた時にもそうでした。何週間たっても「……は……です」の域を出ないのです。英語に例えて言うなら、「I am ……」、「I am not ……」だけをやっているようなものです。実際には英語教育では、この段階ですでに「You are ……」、「He/she/it is ……」、「Are you ……？」、「Is he/she/it ……？」など、be 動詞の変化や疑問文の倒置も教えています。

　ようやく動詞を教える段階になっても、同一パターンで不自然な文しか教えないのです。どういうことかというと、前著で詳述しましたが、動詞の「ます形」のみ取り上げ、主語をトピックにした文「……は……Ｖます」のようなものだけを延々と教え、母

語話者が話すような日本語を教えません。構文も英語のものを日本語に置き換えたものですから、母語話者が産出するときに無意識に用いるものとは異なります。この方法で学習すると、英語を直訳したような不自然な日本語しか話せなくなるわけです。私は以前、ドナルド・キーン氏（2019年に他界）と日本人との対談をテレビで見ていて、なぜキーン氏のような大変なインテリで日本を知り尽くしたような方が、いつも不自然な話し方をされるのか疑問に思っていました。キーン氏はよく「私（わたくし）は」と文を始めたり、「……なければなりません」と話したりされていました。スピーチでなく対談ですから、書き言葉で話されるのが目立っていました。キーン氏も「長沼教科書」で学んだそうです。そう言えば1970年代頃までは、日本にいる外国人神父さんも同じような話し方をしていました。それどころか、日本語があまりうまくない外国人（欧米人）がテレビに登場すると、いつも「私は」から始まる独特のスタイルで話していました。そうした人々は「長沼教科書」の影響を受けた教科書や教師から学んだに違いありません。その話し方がステレオタイプのようになって、今でも日本人が外国人のマネをするとき、その話し方を真似ています。

　話が逸れましたが、私が検証しているのは初級だけで、超級まで揃った「長沼教科書」全体について述べているのではありません。当時として、読み書きを学ぶ上では申し分ない教科書だったのだと思います。もちろん、長沼氏自身は「話す」を目的に作られたのかもしれませんが、上述のような結果になったわけです。

　日本語を分析し体系化したものが本来の国文法ですから、逆にその国文法をシンプルに整理しそれに基づいて日本語を教えれば短期間で自然な日本語が習得できるのです。こんな当たり前の話

はないでしょう。

　改めて訴えますが、私は皆さんに危機感を持ってほしいのです。私は日本語を教え始めたころ、週3時間のクラスで何か月も「……は……です」と「……は……Vます」という簡単なことしか指導していないことに焦りを覚え、学習者に対して申し訳なく感じました。私がドイツ語などを学習した時には、その段階で冠詞、動詞、形容詞などの活用をすでに学んでいました。中学校で英語を学んだときにも、初めのうちに、日本語と全く異なる英語の決まりを教わりました。それに引き換え、私は日本語独特の動詞の活用などを教えず、単純なことばかり練習させていたのです。ドイツ語教育や英語教育でできていることを、どうして日本語教育ではやらないのでしょう。当然、学習者は日本人の話すことはほとんど分かりません。そして数か月後にいきなり「て形」を教え、学習者が大変な苦労をするのを見たのです。「です・ます」という簡単なことに長い長い時間をかけたのに、たった一コマの授業で、動詞には3つのグループがあることを教え、「ます形」以外にも形があることを教え、さらに「……いて」、「……いで」、「……して」、「……って」、「……んで」などとやるのです。教師も学習者も、「て形」は大変だという思いを持ちます。あれから約35年が経ちましたが、皆さんは当時の私と同じようなことをしているのです。教師も多くの学習者も優秀なのに、授業内容は至ってお粗末です。このようなやり方は、もう終わりにしなければなりません。

　ある中国の大学教授が言っていましたが、第2外国語は日本語とフランス語に人気があるが、半年たつと、学生の実力と雰囲気にはっきりした違いが見られるそうです。フランス語を選択した学生がどんどん話せるようになるのに対して、日本語の学生は

ぜんぜんしゃべれないそうです。参考までに、中国の多くの大学で使われている教科書『日語精読』（宿久高ほか編、外語教学与研究出版社［北京］、2006年）の、第1課〜第10課の見出しを下記に掲げておきます。各課の文型とその導入順序は、日本で作られた教科書と大体同じです。やはり動詞は最初「ます形」ばかりで、「て形」は第10課に導入されています。

　　第1課　これは　本です
　　第2課　りんごは　赤いです
　　第3課　あなたは　何時ごろ　起きますか
　　第4課　昨日は　日曜日でした
　　第5課　家から　大学まで　20分　かかります
　　第6課　デパートの　7階には　何が　ありますか
　　第7課　もう　元気に　なりました
　　第8課　弟は　漫画を　くれました
　　第9課　ジョギングを　しませんか
　　第10課　静かに　休んで　ください

知る人ぞ知る『Spoken Japanese』

　教科書の歴史に関連して、もう一つ歴史的教科書があります。アメリカ人のBernard Bloch氏とEleanor H. Jorden氏が書いた『Spoken Japanese』（1945年）のちの『Japanese: The Spoken Language』（イェール大学、1987年）という教科書です。これは、私が日本語教育に携わっていたシンガポールで、研究会などがあると、時々話題になったものです。「ジョーデン・メソッド」と呼ばれ、「長沼教科書」と対照的に会話習得を目指したものであるとの印象を受けました。

ジョーデン・メソッドという教え方の方法論はここでは省きますが、根本的な構文に関しては英語の真似ではなく、日本語独自の法則に基づいています。各文が述語と必要な補語だけから成り、その点は他の教科書と比べて格段に優れています（146 ページ「もっと知りたいコラム⑦」参照）。しかし、やはり初期に動詞の活用が指導されていないこともあり、「Spoken」と銘打ってはいるものの、表現に限界があります。他の教科書同様、最初のうちは「会話」において動詞は「ます形」だけが使われ、Lesson 9 で辞書形、「た形」、「て形」、Lesson 10 で「ない形」が導入されるという具合です。また、助詞「は」についての記述（154 ページ「もっと知りたいコラム⑧」参照）や、「は」と「が」の比較も他の文法書と同じで、一言で言えることについて何ページにもわたる説明があります。

　なお、この教科書は英語とローマ字のみで作られ、仮名が使われていないので、私の知る限り日本やアジアの国々ではほとんど使われていませんでした。おそらく欧米やオーストラリアで、ノン・ネイティブの教師が使っていたのではないかと思います。本来の国文法に基づいた構文の捉え方は素晴らしいと思いますが、それは後の教科書に受け継がれていません。

これ以上似たような教科書を作るのは無意味

　先に、本来の国文法をシンプルに整理し、それに基づいて日本語を教えれば、短期間で自然な日本語が習得できると申しました。しかし、それには新たな構成で教科書を作るほかありません。現存する教科書に似たようなものをいくら作っても全く意味がありません。新しい教科書作りのポイントは 3 つあります。

> 1）用言、特に動詞の活用システムを最初に教える。
> 2）トピックの概念と助詞「は」の使い方を、格助詞と独立して教える。
> 3）構文（文の作り方）を「必要な言葉＋述語」として教える。

　この３つが学習者の頭に定着すれば、言い換えると脳に回路ができれば、ごく短時間に上達できます。

　このことを、英語習得の経験から私なりに英語に置き換えて考えてみると、次のようになります。

　　1）S（主語）V（動詞）の順で文を作ること

　　2）助動詞の使い方（否定文、疑問文）

　　3）人称代名詞の格による変化

　これらを最初に頭に定着させておけば、英語は使えるようになります。逆にこれらがスムースにできないと、いくらボキャブラリーが豊富でも会話はできません。英語教育では、これらを一応学習初期の段階で教えますから、繰り返しの実践が行われれば会話ができるようになります。しかし実際は、日本では繰り返しの会話実践が行われていないので、日本人は英語が話せるようにはなっていません。以上、英語についてはあくまでも私個人の経験からの話です。

　日本語の初級教科書が上記の３つのポイントを踏まえて作成されれば、間違いなく英語教科書並みのレベルになるでしょう。こうした日本語教科書が各国で作られていくことを願っています。もちろん、これを読んで下さった皆さんが、既刊の『ニュー・システムによる日本語』の翻訳版を作られるなら協力は惜しみませ

ん。志ある方々の尽力により、タイ語版と中国語版はすでに出版
されております。

　『Japanese: The Spoken Language』(Eleanor Harz Jorden、イェール大学、1987年) の CC (Core Conversations) から Lesson 1-3、5-7、9を、仮名に変換して掲載します。

　これを『日本語初歩』の「かいわ」(31 ページ) と比べてみて下さい。

　[(N)はノンネイティブ、(J)はネイティブ]
Lesson 1
　1 (J)　わかりますか。
　　(N)　ええ、わかります。
　2 (N)　きょう　しますか。
　　(J)　いや、ちがいます。あした　しますよ。
　3 (J)　わかりましたか。
　　(N)　ええ、わかりました。
　4 (J)　つくりましたね。
　　(N)　はい、きのう　つくりました。
　5 (N)　できましたか。
　　(J)　できました。はい。
　6 (J)　あした　きませんね。
　　(N)　いや、きますよ。
　7 (J)　しませんか。
　　(N)　ちょっと……。
　8 (J)　のみませんか。
　　(N)　ありがとう　ございます。いただきます。

9 （J）　いきましたね。

　　（N）　いいえ、いきませんでした。

10（N）a.　すみません。わかりませんでした。

　　（J）a.　わかりませんでしたか。

　　（N）b.　ええ、どうもすみません。

Lesson 2

1 （N）　なんですか。

　　（J）　てがみです。

2 （N）a.　すずきさん。

　　（J）a.　なんですか。

　　（N）b.　おでんわです。

　　（J）b.　あ、どうも。

3 （N）　すずきさんですか。

　　（J）　はい、すずきです。どうぞ。

4 （N）　どうですか。だめですか。

　　（J）　いや、だいじょうぶですよ。

5 （J）　たなかさんでしたよ。

　　（N）　ああ、そうですか。

6 （N）　だめでしたねえ。

　　（J）　そうですねえ。

7 （N）　にほんごですか。

　　（J）　いや、にほんごじゃありませんよ。
　　　　　ちゅうごくごです。

8 （N）　やまもとさんじゃないですか。

　　（J）　あ、そうですね！

9 (N) a.　きれいですか。

　 (J) a.　そうですねえ。あまり　きれいじゃない

　　　　 ですねえ。

　 (N) b.　ああ、そうですか。ざんねんですねえ。

10 (J)　とうきょうでしたか。

　 (N)　いや、とうきょうじゃありませんでした。

Lesson 3

1 (J) a.　おねがいします。

　 (N) a.　あの　テープですか。

　 (J) b.　ええ。

　 (N) b.　はい、どうぞ。

2 (J)　かいますか。

　 (N)　この　じしょですか？　ええ。

3 (N)　つかいましたか。

　 (J)　その　コンピューターですか。ええ、

　　　　 おととい　つかいました。

4 (J) a.　カーターさん。たべませんか。

　 (N) a.　なんですか。

　 (J) b.　この　ケーキですよ。

　 (N) b.　いや、いいですよ。

　 (J) c.　どうぞ　どうぞ。

　 (N) c.　そうですか。じゃ。

5 (N) a.　かいますか。

　 (J) a.　ええ。

　 (N) b.　どの　タイプライターですか。

(J) b.　これです。

(N) c.　なんばんですか。

(J) c.　さんじゅう　ごばんです。

6 (N) a.　ろくせん　はっぴゃく　にじゅう
　　　　　ななえんです。

(J) a.　ろくせん　はっぴゃく　じゅう
　　　　　ななえんでしたか。

(N) b.　いや、ろくせん　はっぴゃく　にじゅう
　　　　　ななえんです。

(J) b.　ああ、どうも。

Lesson 5

1 (N) a.　もっと　やすいのが　いりますね。

(J) a.　そうですね。これは　どうですか。
　　　　　ちょっと　ちいさいですけど……。

(N) b.　いや、いいですよ。（店員に呼びかけ）
　　　　　これ　ください。

2 (N) a.　こんなのは　これだけですか。

(J) a.　いえ、たくさん　ございますけど……。

(N) b.　じゃあ、いつつ　ください。

(J) b.　いつつですね。

(N) c.　それから、この　あおいのも、みっつ
　　　　　おねがいします。

(J) c.　あおいのは　それだけですねえ。

(N) d.　じゃあ、これを　もう　みっつ
　　　　　ください。

（J）d.　かしこまりました。ほかに　なにか？

（N）e.　それだけです。

3（N）a.　かばんは、この　ちいさいのだけですか。

（J）a.　いえ、おおきいのも　すこしは
　　　　ございますよ。……これですけど。

（N）b.　ああ、ちょうど　いいですね。これ
　　　　ください。

Lesson 6

1（N）a.　ちょっと　うかがいますが……

（J）a.　はい。

（N）b.　うえのえき、こちらの　ほうですか。

（J）b.　そうです。もう　すこし　さきに
　　　　あります。

（N）c.　あ、わかりました。どうも　ありがとう
　　　　ございました。

2（N）　すみません。パークビルは、どちらですか。

（J）　パークビルですか。さあ。ちょっと
　　　　わかりませんねえ。このへんには
　　　　ありませんねえ。

3（N）a.　すみません。でんわは、どちらですか。

（J）a.　あのう。むこうに　ばいてんが
　　　　ありますね。

（N）b.　ええ。

（J）b.　あの　ばいてんと　でぐちの
　　　　あいだです。

（N）c.　あ、わかりました　わかりました。

4　（J）　まえに　こうしゅうでんわ　ありますね。

　　（N）　ええ。まえにも　うしろにも　ありますよ。

Lesson 7

1　（N）a.　ちょっと　ぎんこうまで　いってきます。

　（J）a.　いって（い）らっしゃい。

　（N）b.　いってきます。……ただいま。

　（J）b.　おかえりなさい。

2　（N）a.　ほんやへ　いってきますけど、なにか
　　　　　　ありますか。

　（J）a.　じゃあ、ほんを　いっさつ　かってきて
　　　　　　くださいませんか。

　（N）b.　ええ、いいですけど、じゃあ、
　　　　　　そのほんの　なまえを
　　　　　　おしえてください。あ、すみませんけど、
　　　　　　かいてくださいませんか。

　（J）b.　はい、……。じゃあ、わるいですけど、
　　　　　　おねがいします。

3　（N）a.　なかむらさん　いらっしゃいますか。

　（J）a.　いま　ちょっと　おりませんが……。

　（N）b.　じゃあ、にしださんは。

　（J）b.　にしだですか。にしだは　さんがいに
　　　　　　おりますが……。

　（N）c.　あ、そうですか。どうも。

4　（N）a.　きょうは　どこで　たべましたか。

(J) a. ちかの あららしい きっさてんで。

(N) b. おいしいですか ―あそこ。

(J) b. ええ。なかむらさんも いましたよ。

Lesson 9

1' (J) いい？

    (N) ん。いいよ。

1" (J) いい？

    (N) いいわよ。

2' (J) ほんとう？

    (N) ほんとうだよ。

2" (J) ほんとう？

    (N) ほんとうよ。

3' (J) できる？

    (N) これ？ ん。できるよ。

3" (J) できる？

    (N) これ？ ん。できるわよ。

4 (J) a. これ わかる？

    (N) a. んん。だれからの てがみ？

    (J) b. きむらくん。

    (N) b. ああ、なるほど。

5 (J) a. らいしゅう また いらっしゃる？

    (N) a. まいりますけど……。

    (J) b. わたくし、ちょっと
             おそくなるけど……。

    (N) b. でも、いらっしゃるでしょう？

(J) c. ええ、じゅうじまでには。

6 (J) a. きょう　たなかさん

あすこ（著者注：あそこ）

に　いる？

(N) a. いるでしょう。

(J) b. いそがしい？

(N) b. べつに　いそがしくないでしょう。

よびましょうか。

(J) c. ん。

『Japanese: The Spoken Language』（イェール大学、1987年）の「は」についての記述「2. *PHRASE-PARTICLE* **wa**」から掲載します。

（略）

The particle **wa** following a nominal is a phrase-particle. It links the preceding nominal to a predicate occurring later in the sentence. (This contrasts with the phrase-particle **to** which linked a preceding nominal to a following *nominal* [example: **kore to sore**].) The combination /nominal X + **wa**/ establishes X as a familiar, recognizable item regarding which something is about to be said. What follows applies specifically to X and to no more than X, as far as this particular utterance goes. Thus **kore wa tegami desu** explains that this, at least, is a letter: there may be other items which also are letters, but at the moment, the speaker is concerned only with **kore**, and **kore** is described as a **tegami**.

The phrase-particle **wa** clearly establishes the preceding X as the limit of applicability: the speaker does not insist that X is exhaustive—the only item that in reality applies to this particular predicate—but rather that X is the speaker's only referent of the moment, the only item for which s/he takes current responsibility. For this reason we sometimes cite 'at least' or 'for one' or 'in contrast with others' as an English equivalent for **wa**. There may be other items equally applicable, but 'X at least' applies and is all that being mentioned in this utterance. Some context may *imply* that indeed other items are not included, but this results from the context, not the particle, Consider the following example:

Suzuki-san wa, gakusee desu. 'Mr/s. Suzuki *is a student.*'

The speaker is not insisting on an exhaustive connection here between Suzuki and being a student, i.e., that *Suzuki* is necessarily the only one who fills the student category in the given context; the person under discussion is Suzuki, and s/he, *at least*, or s/he, *for one*, is a student. Note also the following parallel examples:

Kono Nihongo wa, muzukasii desu yo. 'This Japanese *is difficult.*'

Ano gakusee wa, zenzen wakarimasen nee. 'That student *doesn't understand at all*, doesh/e!'

Ano gakusee wa tomodati desu. 'That student *is a friend.*'

Ano tomodati wa, gakusee desu. 'That friend *is a student.*'

A word of warning: Don't attempt to equate **X wa** in

Japanese with the grammatical subject in English. In some instances they do happen to correspond, but **X** may also correspond to an object, or a location, or a point in time, or a number of other grammatical relationships to English, as demonstrated in the examples below.

X wa identifies what item is under discussion; there is focus on what follows. Accordingly, a question word like **dare** 'who?' **dore** 'which one?' **nan/nani** 'what?' etc., is *never* directly followed by **wa** under ordinary circumstances, since these item always indicate the unknown and unfamiliar and are usually unconcerned with exhaustive identification.

Often the element of limited applicability becomes strongly contrastive, corresponding in English to a change in intonation. Example: **Are wa tegami desu.** 'That one is a letter' (in contrast with some other one, which is something else or unknown). In this kind of pattern, the **wa**-phrase usually has focus-intonation even though there is also strong *meaning* focus on the following predicate.

Additional examples:

Tenisu wa simasen. 'Tennis (at least) *I don't play* (but I probable play other sports).

Zassi wa kaimasita. 'The magazine (at least) *I did buy*' (of the things you asked me to buy).

Watasi wa dikimasu. 'I (at least) *can do it*' (but I'm not sure about the others in the group).

Kyoo wa ikimasu. 'Today (at least) *I am going*' (but I may not go every day).

（略）

【著者による要約とその訳】

　「は」は副助詞である。「は」の付けられた言葉はその文の述語に係る。「Xは」は、これから述べることの話題を示す。「X」は既知の物事である。「Xは」に続く部分は、Xについてのみ関わることである。従って、「これは手紙です」という文は、「少なくとも『これ』だけは、手紙である」という意味である。つまり、他にも手紙があるかもしれないが、現時点では話者は「これ」にのみ関心を持ち、「これ」を「手紙」と説明しているのである。

　「Xは」と言った場合、話者はXだけがその述語に適用される唯一のものだと主張しているわけではない。むしろ、現時点では話者はXのみに関わっており、責任を持つことができることを示している。それゆえ、英語では「at least（すくなくとも）」「for one（一例として）」などの語で説明するのである。他にもその述語が適用されるものはあるかもしれないが、当該の発言においては「少なくともX」が適用され、発言の対象はそれ以外ないのである。時には、実際にX以外が含まれないこともありうるが、それは文脈から結論付けられることであり、助詞からではない。次の例を見てみよう。

　　　　鈴木さんは学生です。

　この文脈で、話者は「鈴木さんのみが学生である」と主張しているのではなく、話題が「鈴木さん」であり、「少なくとも鈴木さんは学生である」という意味である。

　なお、「Xは」は英語の文法で言うところの主語ではない。主語になることもあるが、下記の例文のように目的語や場所、時間など多くの文法的関係要素を示すことがある。

　「Xは」は話題を示す。つまりそれに続く部分に焦点が当たる。従って、「は」は「だれ」、「どれ」、「何」などの疑問詞には付かない。

　適用されるものが特定される場合、ときに強い対比を示すことがあり、イントネーションが変化する。例：**あれは手紙です**（他の物や未知の物との対照で）。この種のパターンでは、「Xは」は、述語の意味に大きな焦点があるにも拘わらず、通常イントネーションが上がる。

　追加の例文：

　　テニスはしません。（ほかのスポーツはするかもしれないが）

　　雑誌は買いました。（頼まれた物のうち少なくとも雑誌は）

　　私はできます。（ほかのメンバーのことは分からないが）

　　今日は行きます。（毎日ではないかもしれないが）

3

新しく開けた世界とは
初級日本語教育の大転換を経験した教師

　では、以上に述べたような方法で初級日本語を教えていくと、どのような世界が開けるでしょうか。

　現在、初級教科書『ニュー・システムによる日本語』は世界各地で少しずつ使われ始めており、多くのメッセージやメールをいただいております。

　公立高校で正式に使われているのは数件しか把握していないのですが、そのうちの１件について、タイの高校教師、志垣正博氏から報告を受けています。

　志垣氏はバンコクの２つの高校で教えており、『ニュー・システムによる日本語』を2015年から使っているそうです。そして、2016年には同僚の先生方と一緒に『ニュー・システムによる日本語』のタイ語版を作成、出版しました。タイで出版された教科書は、現在ではバンコクだけでなくタイ国内のいくつかの学校で

採用されています。ここでは、Amazon のブックレビューとして掲載されたものを紹介します。

本書をたたき台として丸 1 年使用

実験用、次世代教科書のプロトタイプという位置づけで、1 年間使用した感想です。

海外の 2 つの公立学校（日本語教育拠点校ではない一般の中等教育機関）の会話授業で、9 クラス計 450 名を対象に、本書のシラバスに則って教えました。現地の学校教師と学生の力を借り、少しずつ現地語に訳しながら、会話教材として使用しました。教師からみると、本書シラバスは動詞活用を 0 課から全て教えるという、従来と真逆の構造になっているため「本当に大丈夫か」と当初は思いました。ところが学生の側は、こちらのほうがはるかに頭に入りやすいようです。小学校の時の九九を覚えるのと同じ要領のように思えます。

結論から言うと、1 クラス 50 名の授業参加率が全てのクラスで大きく改善しました。結果については自分でも驚いていて、研究に値するのでは、というレベルでした。

今週も高 3 の会話試験を実施しましたが、テストの参加率が 10 割で、これは私が教えた 6 年間で 1 度もなかった現象です。お恥ずかしい話ですが、例年、高 3 のテスト参加率は 6 〜 7 割程度で、うち本気なのは 1 割。そして一部は「ひらがな」もきれいに忘れて卒業するという感じでした。学生は文化交流活動には非常に熱心で、それは素晴らしいことなのですが、日本語教師としては、肝心の日本語熱をなんとか高めたいと、試行錯誤の連続でした。昨年思い切って本書シ

ラバスを導入した結果、現在テスト参加率が10割を更新中で、そのうち本気で取り組む学生が6割に達しています。この6割の学生は、特に全員が大学の日本語専攻を目指しているわけではありません。受験と関係ないにも関わらず、とにかく日本語を楽しんでくれているという印象です。おかげでクラス内の学力格差が軽減し、分厚い中間層ができました。そして、この現象は私が教える全てのクラスで起こっています。学生の日本語熱がこのように高まったことは、一教師として驚きで、著者の方には本当に感謝です。

さらに、同僚の学校教師もクラスの変化に気づいたようで、来年以降、教育委員会に提出する学習指導案をニューシステムで作ってみる、と言って準備を進めています。指導案を一から作り直す、というのは大変な作業のはずですが、この先生は非常にやる気になっています。

学生に何が起きているのか、正直言って私にもまだよく分かっていません。ただ学生の熱意が急激に高まった、ということは事実です。今後、本書を元に、多くの先生方によって実験が行われ、学生の頭の中で何が起きているのかが解明されることを願います。また、本書を素材にして、様々な教材が作られていくことを楽しみにしております。もちろん自分も現場で作っていくつもりです。

その後、志垣氏からは様々な報告を受けていますが、注目すべき点は、上記に書かれたように、個々の学生の実力が伸びただけでなく、クラスの雰囲気が変わったということです。日本語学校のように日本語を学びたい人が集まったクラスではなく、単に一

つの科目として学んでいるクラスであること、また同僚の先生の
クラスでも同様なことが起こっていること、つまり、再現性が見
られたということです。しかも、以前は学級崩壊のような有様だっ
たということにも驚きました。

ここで、「雰囲気が変わる」という言葉で、141 ページに紹介
した中国の大学教授が言われたことにつながりました。「半年た
つと、学生の実力と雰囲気にはっきりした違いが見られる」とい
う言葉です。言語教育において、その言語独自のシステムを無視
して教えていくのと、そのシステムに沿って教えていくのとでは、
クラスの雰囲気が違ってくるというのです。これは私にとっても
一つの発見でした。こうした雰囲気の変化というものは、実際に
経験してこそ感じられるものだと思います。

初級、特に初級の前半は、日本語習得の要です。この最も重要
な時期に最も重要なことを身に付けられるかどうかは、その後の
学習を大きく左右します。もし、きちんと身に付いていないとし
たら、学習者や教師の責任ではなく、教科書やシラバスに問題が
あるのではないかと考えるべきです。

本書で述べた３つのポイントに沿って教えていけば、個々の
学習者の実力が上がるだけでなく、クラスの雰囲気が変わります。
そして、何より教師のモチベーションが上がります。この方法で
教え始めた先生方は、率先して補助教材を開発したり、ビデオを
作ったり、現地の言葉で資料を用意したりしておられます。そし
て、生まれ変わった初級クラスの様子を報告して下さるその文面
からは、先生方の生き生きとした様子が窺われます。

皆さんのクラスでも、初級日本語の新しい世界を創り出してい
きましょう。

巻末資料 1

『ニュー・システムによる日本語』（1988 年）**の目次**（第 1 課〜第
20 課のみ）

だい 1 か　「どこへ　いくんですか。」
- グループ 1 動詞「いく」と例外動詞「くる」
- 動詞「ない形」「ます形」「辞書形」
- 動詞文「いくんです／いきます」（現在形肯定）
- 動詞文「いかないんです／いきません」（現在形否定）
- コプラ「です」
- 助詞「は」（トピック）、「へ」（方向）、「に」（目的）、「か（／）」、「は」（否定）
- 「どこ」

だい 2 か　「なんじに　いけば　いいですか。」
- 動詞「ば形」、「よう形」、「て形」
- 「………　いけば　いいですか。」
- 「いこうと　おもいます。」
- 「いってください。」
- 助詞「に」（時）、「の」（名詞の接続）
- 「いつ」
- 数詞　1 〜 100

だい 3 か　「どうして　はやく　おきるんですか。」
- グループ 2 動詞「おきる」と例外動詞「する」

●助詞「を」（目的語）、「も」（付加）

●接続詞「でも」

●「なに」、「なんじ」、「どうして」

●「……からです」（理由・原因）

●時刻「……じ」「……ふん」

だい４か　「うみでは　およがないでください。」

●グループ１動詞と「て形」(1)「……いて」「……いで」「……して」

●「……ないでください」

●助詞「で」（行為の場所）、「が」（主語）、「よ（↗）（↘）」、「から」（起点）、「と」（並列）、「ね（↗）」

●「だれ」、「なん」、「なんにち」

●月と日

●「こそあど」

だい５か　「いっしょに　やりましょう。」

●グループ１動詞と「て形」(2)「……って」「……んで」

●「……ましょう」

●助詞「と」（共同）、「まで」（終点）、「で」（手段・方法）

●「……を　ください」

●「どうやって」

●「いくつ」「いくら」

●数詞「ひとつ」〜「とお」、100〜10,000

●金額

だい６か 「それから　テレビを　みます。」
- ●グループ２動詞
- ●「……ませんか」
- ●助詞「や」（並列）、「か（＼）」
- ●接続詞「それから」「そして」
- ●「どんな」「どのぐらい」
- ●「……ぐらい」「……ごろ」

だい７か 「にほんごは　はなせますか。」
- ●動詞可能形と可能動詞
- ●助詞「が」（可能動詞の対象語）
- ●コプラ「……じゃありません」
- ●「ぜんぜん＋（否定形）」

だい８か 「おそばは　どこに　あるんですか。」
- ●動詞「いる」「いらっしゃる」「おる」「ある」
- ●助詞「に」（存在の場所）
- ●い・形容詞「おおきい」「ちいさい」
- ●「なにも／だれも＋（否定形）」
- ●「なんばん」「なんにん」
- ●数詞「ひとり、ふたり、〜」

だい９か 「これは　さかなじゃないんです。」
- ● コプラ「だ／です」と名詞文（現在形肯定・否定）
- ●「（て形）＋いる」（状態）「すんでいる」「しっている」
- ●助詞「に」（状態の場所）

- な・形容詞「しずか」「かんたん」
- 「しか＋（否定形）」

だい10か 「あまり　むずかしくありません。」
- 形容詞文（現在形肯定・否定）
- 「とても／すごく＋（肯定形）」
- 「あまり＋（否定形）」
- 「どう」

だい11か 「きのうは　なにを　したんですか。」
- 動詞「た形」
- 動詞文「いったんです／いきました」（過去形肯定）
- 動詞「いらっしゃる」「まいる」
- 助詞「を」（出どころ）
- 助数詞（1. さ行）「さつ」「さい」「しゅうかん」「センチ」

だい12か 「どうして　たべなかったんですか。」
- 動詞「なかった形」
- 動詞文「いかなかったんです／いきませんでした」（過去形否定）
- 助詞「に」（入りどころ、接点）
- 「もう＋（変化後）」

だい13か 「いくらでしたか。」
- コプラ「だった／でした」
- 「（名詞／な形容詞）＋　だったんです／でした」（過去形肯定）

- ●な・形容詞「すき」「きらい」
- ●助詞「が」（形容詞の対象語）
- ●助数詞（2. は行）「ほん」「ひき」「はい」

だい 14 か　「いい　てんきじゃなかったです。」
- ●コプラ「じゃなかった／じゃありませんでした」
- ●「（名詞／な形容詞）＋じゃなかったんです／じゃありませんでした」（過去形否定）
- ●な・形容詞「じょうず」「へた」

だい 15 か　「パンダが　かわいかったです。」
- ●い形容詞「たかかった／たかかったです」
- ●形容詞文「……かったんです／……かったです」（過去形肯定）
- ●い・形容詞「ほしい」
- ●接続助詞「から」、接続詞「だから」
- ●助数詞（3. か行）「かい」「き」「けん」「キロ」

だい 16 か　「あまり　いそがしくなかったんです。」
- ●い形容詞「たかくなかった／たかくなかったです」
- ●形容詞文「……くなかったんです／……くなかったです」（過去形否定）
- ●動詞「たい形」（∈い形容詞）

だい 17 か　「いま　なにを　しているんですか。」
- ●「（て形）＋いる／いた」（現在・過去の状態・習慣）

●接続助詞「けど」
●助数詞（4．その他）「まい」「ぶ」「じょう」

だい18か 「まだ　しゅくだいを
やっていないんです。」
●「（て形）＋いない／いなかった」（否定の状態・習慣）
●助詞「を」（移動の対象場所）
●「……ん じゃないですか」（不確定）
●「まだ＋（変化前）」

だい19か 「ピンクの　セーターを　きているひとは
ひしょです。」
●名詞の修飾（1．ひと）「セーターを　きている　ひと」
●動詞「きる」「はく」

だい20か 「がっこうへ　いく　ひは　そとで　ばんごはん
をたべる。」
●名詞の修飾（2．名詞一般）「がっこうへ　いく　ひ」
●い・形容詞とコプラの「て形」
●「て形」による用言の接続「……て、……。」

Index
教師のために

巻末資料 2

助詞の種類とその用法（『ニュー・システムによる日本語』より）

（× : not applicable）

Usage and Lessons to refer	Single usage (Ref. notes 1)	Adding "は wa" (Ref. notes 2)	Adding "も mo" (Ref. notes 3)
(a) Direction of movement (L.1)	へ e	へは ewa	へも emo
(b) Purpose (L.1)	に ni	には niwa	にも nimo
(c) Time of action/event (L.2)	に ni	には niwa	にも nimo
(d) Place of existence (L.8)	に ni	には niwa	にも nimo
(e) Subject of sentence/ clause (L.4)	が ga	は wa (× がは gawa)	も mo (× がも gamo)
(f) Object of transitive verb (L.3)	を o	は wa (× をは owa)	も mo (× をも omo)
(g) Object of potential verb (L.7)	が ga	は wa (× がは gawa)	も mo (× がも gamo)
(h) Place of action/event (L.4)	で de	では dewa	でも demo
(i) Method/means/medium (L.5)	で de	では dewa	でも demo
(j) [With] (L.5)	と to	とは towa	とも tomo
(k) With adverbs (L.3)	no particle	は wa	も mo

前ページの表における、助詞「は」を付加する場合の例文

Notes 2 Adding "は wa"

In the following cases, add "は wa"

A) To negate certain thing in the negative answer. Refer to Lesson 1.

B) To mention about certain thing as a topic. In this case the word with "は wa" is normally placed at the beginning of the sentence. Refer to Lesson 3.

* A) and B) in the following examples refer to the above A) and B) respectively.

(a) Direction of movement: へ e → へは ewa

A) X：かいしゃへ　いくんですか。

（Are you going to work/the office?）

Kaishae ikundesuka?

Y：いいえ、かいしゃへは　いかないんです。

（No, I'm not going to work/the office. [sometimes implying to go to other place]）

Iie, kaishaewa ikanaindesu.

B) X：どこへ　いくんですか。

（Where are you going?）

Dokoe ikundesuka?

Y：ゆうびんきょくへ　いくんです。

（I'm going to the post office.）

Yuubinkyokue ikundesu.

X：ぎんこう<u>へは</u>　いつ　いくんですか。

(Then, when do you go to the bank?)

Ginkoo<u>ewa</u> itsu ikundesuka?

Y：ぎんこう<u>へは</u>　あした　いくんです。

(I'll go to the bank tomorrow.)

Ginkoo<u>ewa</u> ashita ikundesu.

(b) Purpose: に　*ni*　→　には　*niwa*

A) X：かいもの<u>に</u>　いくんですか。

(Are you going shopping?)

Kaimono<u>ni</u> ikundesuka?

Y：いいえ、かいもの<u>には</u>　いかないんです。

(No, I'm not going shopping. [sometimes implying to go to other place])

Iie, kaimono<u>niwa</u> ikanaindesu.

B) X：えいが<u>に</u>　いくんです。

(I'm going to the movie.)

Eega<u>ni</u> ikundesu.

Y：かいもの<u>には</u>　いかないんですか。

(Aren't you going shopping?)

Kaimono<u>niwa</u> ikanaindesuka?

X：かいもの<u>には</u>　らいしゅう　いきます。

(I'll go shopping next week.)

Kaimono<u>niwa</u> raishuu ikimasu.

(c) Time of action/event: に　*ni*　→　には　*niwa*

A) X：きょうかいへは　にちようび<u>に</u>　いくんですか。

(Are you going to church on Sunday?)

Kyookaiewa nichiyoobi<u>ni</u> ikundesuka?

Y：いいえ、にちようび<u>には</u>　いかないんです。

(No, I'm not going on Sunday [but on other days].)

Iie, nichiyoobi<u>niwa</u> ikanaindesu.

B) X：まいにち　かいしゃへ　いくんです。でも　にちようび<u>には</u>　いかないんです。

(I go to work everyday, but not on Sundays.)

Mainichi kaishae ikundesu. Demo nichiyoobi-<u>niwa</u> ikanaindesu.

Y：にちようび<u>には</u>　なにを　するんですか。

(Then, what do you do on Sundays?)

Nichiyoobi<u>niwa</u> nanio surundesuka?

X：にちようび<u>には</u>　きょうかいへ　いきます。

(I go to church on Sundays.)

Nichiyoobi<u>niwa</u> kyookaie ikimasu.

(d) Place of existence: に　*ni*　→　には　*niwa*

A) X：おねえさんは　した<u>に</u>　いらっしゃいますか。

(Is your sister downstairs?)

Oneesanwa shita<u>ni</u> irasshaimasuka?

Y：いいえ、あねは　した<u>には</u>　おりません。

(No, she is not downstairs.)

Iie, anewa shita<u>niwa</u> orimasen.

B）X：きょうと<u>に</u>　いくんです。

（I'm going to Kyoto.）

Kyootoni ikundesu.

Y：きょうと<u>には</u>　なにが　あるんですか。

（What is there in Kyoto?）

Kyootoniwa naniga arundesuka?

X：きょうと<u>には</u>　おてらが　たくさん　あります。

（There are a lot of temples in Kyoto.）

Kyootoniwa oteraga takusan arimasu.

（e）Subject of sentence/clause：が　*ga* → は　*wa*

A）X：きむらさん<u>が</u>　いくんですか。

（Is Mr.Kimura going?）

Kimurasanga ikundesuka?

Y：いいえ、きむらさん<u>は</u>　いかないんです。

（No, he is not going［sometimes implying that someone else is going］.）

Iie, Kimurasanwa ikanaindesu.

B）X：にほんへは　だれ<u>が</u>　いくんですか。

（Who is going to Japan?）

Nihonewa darega ikundesuka?

Y：たなかさん<u>が</u>　いくんです。

（Mr.Tanaka is going.）

Tanakasanga ikundesu

X：たなかさん<u>は</u>　いつ　いくんですか。

（When is he going?）

Tanakasan<u>wa</u> itsu ikundesuka?

(f) Object of transitive verb: を o → は *wa*

 A）X：きょう　テニス<u>を</u>　するんですか。

   (Do you play tennis today?)

   Kyoo tenisu<u>o</u> surundesuka?

  Y：いいえ、テニス<u>は</u>　しません。

   (No, I don't play tennis [sometimes implying to do something else].) Ref. (k)

   Iie, tenisu<u>wa</u> shimasen

 B）X：なに<u>を</u>　するんですか。

   (What are you going to do?)

   Nani<u>o</u> surundesuka?

  Y：テニス<u>を</u>　するんです。

   (I'm going to play tennis.)

   Tenisu<u>o</u> surundesu.

  X：テニス<u>は</u>　どこで　するんですか。

   (Where do you play tennis?)

   Tenisu<u>wa</u> dokode surundesuka?

(g) Object of potential verb: が *ga* → は *wa*

 A）X：そのひとは　にほんご<u>が</u>　はなせるんですか。

   (Can he speak Japanese?)

   Sonohitowa nihongo<u>ga</u> hanaserundesuka?

  Y：いいえ、にほんご<u>は</u>　はなせないんです。

   (No, he can't speak Japanese.)

Iie, nihongowa hanasenaindesu.

B) X：なにごが　はなせるんですか。

(What language are you able to speak?)

Nanigoga hanaserundesuka?

　Y：えいごが　はなせます。

(I can speak English.)

Eegoga hanasemasu.

　X：にほんごは　はなせますか。

(Are you able to speak Japanese?)

Nihongowa hanasemasuka?

　Y：にほんごは　すこし　はなせます。

(I can speak a little Japanese.)

Nihongowa sukoshi hanasemasu.

(h) Place of action/event: で *de* → では *dewa*

　A) X：そこで　およぎます。いいですか。

(I'm going to swim there. Is it all right?)

Sokode oyogimasu. iidesuka?

　　Y：すみません、そこでは　およがないでください。

(I'm sorry, please don't swim there [but swim in other places].)

Sumimasen, sokodewa oyoganaidekudasai.

　B) X：どこへ　いくんですか。

(Where are you going?)

Dokoe ikundesuka?

　　Y：がっこうへ　いくんです。

(I'm going to school.)

Gakkooe ikundesu.

X：がっこう<u>では</u>　なにを　するんですか。

(What do you do at school?)

Gakkoo<u>dewa</u> nanio surundesuka?

Y：がっこう<u>では</u>　べんきょうします。

(I study at school.)

Gakkoo<u>dewa</u> benkyooshimasu.

(i) Method/means/medium:　で　*de*　→　では　*dewa*

A)　X：バス<u>で</u>　いくんですか。

(Do you go there by bus?)

Basu<u>de</u> ikundesuka?

Y：いいえ、バス<u>では</u>　いかないんです。

(No, I don't go there by bus [but by some other means].)

Iie, basu<u>dewa</u> ikanaindesu.

B)　X：バスか　タクシー<u>で</u>　きてください。

(Please come by bus or taxi.)

Basuka takushii<u>de</u> kitekudasai.

Y：バス<u>では</u>　どのぐらい　かかりますか。

(How long does it take by bus?)

Basu<u>dewa</u> donogurai kakarimasuka?

X：さんじっぷんぐらいです。タクシー<u>では</u>　じゅうごふんぐらいです。

(About thirty minutes. It takes fifteen minutes

by taxi.)

Sanjippunguraidesu. Takushii<u>dewa</u> juugohun-guraidesu.

(j) [With]: と *to* → とは *towa*

A) X：えいがには　いとこと　いくんですか。

(Do you go to the movie with your cousin?)

Eeganiwa itoko<u>to</u> ikundesuka?

Y：いいえ、いとことは　いかないんです。

(No, I don't go with my cousin [but with some-one else].)

Iie, itoko<u>towa</u> ikanaindesu.

B) X：やまださんと　テニスを　するんです。

(I'm going to play tennis with Mr. Yamada.)

Yamadasan<u>to</u> tenisuo surundesu.

Y：やまださんとは　よく　するんですか。

(Do you often play with him?)

Yamadasan<u>towa</u> yoku surundesuka?

X：ええ、よく　します。

(Yes, I do often.)

Ee, yoku shimasu.

(k) With adverbs: no particle → は *wa*

A) X：きょう　テニスを　するんですか。

(Do you play tennis today?)

Kyoo tenisuo surundesuka?

Y：いいえ、きょうは　しません。

(No, I don't play today [but some other days].)

Ref. (f)

Iie, kyoowa shimasen.

B）X：まいにち　しちじに　おきます。でも　あしたは
ごじに　おきます。

(I get up at seven o'clock everyday. But I'll get
up at five o'clock tomorrow.)

*Mainichi shichijini okimasu. Demo ashitawa
gojini okimasu.*

Y：どうして　ごじに　おきるんですか。

(Why do you get up at five o'clock?)

Dooshite gojini okirundesuka?

X：あしたは　ジョギングを　するんです。

(I'm going jogging tomorrow.)

Ashitawa joginguo surundesu.

　本書を読まれ、今までいかに多くの無駄なことや間違った教え方をしてきたか気付かれたのではないかと思います。

　ここで提案している３つのポイントに基づいて初級日本語を創り直すと、教えるのがシンプルになるだけでなく、学習者の皆さんが自然な日本語を話すようになるのです。そうして中級に進んだとき、最初に担当される教師の方は、彼らの日本語運用能力に驚かれるに違いありません。

　学校で教えている場合は、教科書を変えるのは簡単なことではないと思います。しかし、現在の教科書を使いながら３つのポイントを加えていくことは難しくないと思います。例えば、初めて動詞を導入するときに６つの活用形を示してみたり、文を板書するとき「○○は」を上段に書いたり、補語の種類のリスト（115ページ）を見せて文を作らせたりするのです。

　ぜひ、できることから実践してみて下さい。教える楽しさが倍増するでしょう。もう、皆さんは抜きん出ています。

　なお、本書の執筆に当たり、現代人文社の成澤壽信、吉岡正志両氏には多くの助言をいただき、お礼を申し上げます。

　　2020 年 8 月

　　　　　　　　　　　　　　　　　　　　海老原峰子

●著者プロフィール

海老原峰子（えびはら・みねこ）
上智大学理工学部数学科卒業。1985年にシンガポールで日本語学校設立。動詞活用一括導入の教授法を開発し、教授法と学習用ソフトで特許取得。これまでに、教科書『ニュー・システムによる日本語』（本編及び続編）、著書『日本語教師が知らない動詞活用の教え方』（現代人文社、2015年）がある。

日本語教師として抜きん出る
あなたは初級日本語の「常識」が打ち破れますか

2020年9月5日　第1版第1刷発行

［著　者］海老原峰子
［発行人］成澤壽信
［発行所］株式会社 現代人文社
　　　　　〒160-0004　東京都新宿区四谷2-10　八ッ橋ビル7階
　　　　　電話　03-5379-0307　FAX　03-5379-5388
　　　　　E-Mail　hanbai@genjin.jp（販売）　henshu@genjin.jp（編集）
　　　　　http://www.genjin.jp
［発売所］株式会社 大学図書
［印刷所］株式会社 ミツワ
［装　丁］Malp Design（清水良洋＋佐野佳子）

検印省略　Printed in Japan
ISBN978-4-87798-762-6 C0081
ⓒ2020　Ebihara Mineko